智慧·教法·感悟

——中语名师课堂教学集锦(7)

陶继新 主编

图书在版编目（CIP）数据

　　智慧·教法·感悟. 中语名师课堂教学集锦. 7/陶继新主编. —福州：福建教育出版社，2021.3
　　ISBN 978-7-5334-8860-4

　　Ⅰ. ①智… Ⅱ. ①陶… Ⅲ. ①中学语文课－课堂教学－教学研究 Ⅳ. ①G633.302

中国版本图书馆CIP数据核字（2020）第161248号

Zhihui·Jiaofa·Ganwu

智慧·教法·感悟
——中语名师课堂教学集锦（7）
陶继新　主编

出版发行	福建教育出版社
	（福州市梦山路27号　邮编：350025　网址：www.fep.com.cn
	编辑部电话：0591-83726971　83727542
	发行部电话：0591-83721876　87115073　010-62027445）
出 版 人	江金辉
印　　刷	福建省地质印刷厂
	（福州市金山工业区　邮编：350011）
开　　本	710毫米×1000毫米　1/16
印　　张	13.25
字　　数	203千字
插　　页	2
版　　次	2021年3月第1版　2021年3月第1次印刷
书　　号	ISBN 978-7-5334-8860-4
定　　价	35.00元

如发现本书印装质量问题，请向本社出版科（电话：0591-83726019）调换。

目　录

序 …………………………………………………… 陶继新　1

课堂实录
　《望岳》课堂教学实录 ……………………………… 赵谦翔　1
听课回响
　诗意尽染任天真 ………………………………… 山东　段虹宇　16
　无疑生疑　深耕心灵 …………………………… 河北　刘海英　19

课堂实录
　《阿房宫赋》课堂教学实录 ………………………… 唐江澎　23
听课回响
　在触摸语词中体悟奥义，实现深度学习 ………… 江苏　杨　梅　32
　文字・文学・文化 ……………………………… 广西　黎志新　37

课堂实录
　《周亚夫军细柳》课堂教学实录 …………………… 刘恩樵　41
　《做语文教学的建设者——全语文教育的思考与实践》讲座实录 ………
　　…………………………………………………… 刘恩樵　55

听课回响

  赏"亚夫真将军"形象,做"全语文教育"实践 …… 安徽 刘 军 62
  走向全语文教育,点亮指路明灯 ………………… 山东 张 婧 65

课堂实录

  《我为什么而活着》课堂教学实录 ………………… 崔丽梅 69

听课回响

  春风化雨,育人无声 ……………………………… 山东 孟晓娜 81
  透视经典作品,凝视伟大作家 …………………… 山东 曹竹贤 84

课堂实录

  《孤独之旅》课堂教学实录 ………………………… 余映潮 88
  《做智慧的语文教师》讲座实录 …………………… 余映潮 96

听课回响

  洗尽铅华呈素姿 …………………………………… 山东 张云梅 101
  寻一把钥匙,给少年 ……………………………… 山东 王学美 103

课堂实录

  《〈雷雨〉整本书阅读》课堂教学实录 …………………… 王 岱 106

听课回响

  "三角"巧析《雷雨》 "三味"惊艳课堂 ……… 黑龙江 果荣吉 132
  回归文本,贴近人性 ……………………………… 山东 袁亚飞 135

课堂实录

  《〈小王子〉整本书阅读之〈因为爱情〉》课堂教学实录 …… 王 君 139

听课回响

  "皱、漏、瘦、透",浑然天成 …………………… 浙江 陈海亮 157
  穿花蝴蝶深深见 点水蜻蜓款款飞 …………… 江苏 俞春霞 160

课堂实录

  《重读〈朝花夕拾〉》课堂教学实录 …………………… 徐　飞　162

  《名著重读的基本策略》讲座实录 ………………………… 徐　飞　174

听课回响

  教学思有路，遵路识斯真 …………………………… 广西　杨丽娜　180

  博观而约取　厚积而薄发 ……………………… 山东　杨其凯　刘月农　182

课堂实录

  《〈史记〉选读》课堂教学实录 ……………………………… 史建筑　186

听课回响

  汝果欲学诗，功夫在诗外 …………………………… 山东　王桂君　195

  以语文教人，为学生奠基 …………………………… 山东　张伟文田　198

序

  这本书是"第十一届名家人文教育高端论坛暨名师课堂研讨会"(中学)主体内容的结晶,也是应广大与会人员的要求结集成书的。

  人文教育是将人文精神,通过教育活动、环境熏陶等方式和途径,内化为人的品格因素,实现对人的精神世界全面塑造的教育。它是塑造健康人格、提升人生境界、达成人生理想以及实现个人社会价值途径等方面的教育,目标是人的精神素养。正是基于这样一种思考,连续十一年,我们举办了"名家人文教育高端论坛暨名师课堂研讨会"。

  当下语文教学人文性存在问题是毋庸置疑的,课堂上,教师与学生的状态不佳,课堂教学的量与质存在问题,精神品质很难有效地形成。本来,语文应当是教师最爱教与学生最爱学的学科,可事实却恰恰相反。语文教师是需要高品位的文化支持的,没有对经典文本的大量阅读甚至背诵，就不可能形成属于自己的优质语系。可是，现在的一些语文老师，平时很少读书，特别是很少阅读与背诵经典；教学参考书成了他们的必备之书，甚至成了教学的唯一依靠。结果，教学没有自己的语言，没有自己的思想，更没有生命激情，只是成了教学参考书的传声筒。这样的教师，并不是说备课不认真，可是，由于没有文化积淀，只是鹦鹉学舌，当然就没有了人文的色彩。更重要的是，教学若干年后，甚至连在大学里学到的一些文化也丢掉了。于是，上课没有快乐，也不会精彩，而是一种应付，甚至是一种痛苦。其实，更苦的是学生，他们不喜欢老师的课，可又要在教室里正襟危坐，迫不得已地听下去，而且从小学入学到高中毕业，整整十二年。于是，学习语文就成了一场又一场心力交瘁的苦役，非但无法形成真正意义上的语文品质，甚至连心理也很难健康起来。

教师如何才能教得精彩？如何才能乐在其中？关键不是备课备到深更半夜，也不是将教参书背得滚瓜烂熟，而是用爱心和已有的文化积累，激活每一次教学。备课要备学生，这是一个不争的事实；可是，为什么在"名家人文教育高端论坛暨名师课堂研讨会"上执教的一些名师，此前并不认识当时所教的学生，课上得依然精彩纷呈？其实，备学生并不只是认识了每一个学生，知道各个同学的名字，对他们的性格清清楚楚，它还有一个极其重要的元素，那就是真正了知学生生命的潜能，以及深埋在他们心中的对语文学习的无限渴望，特别是如何开发这种潜能并满足学生的这种渴望，从而让课堂成为师生生命交互的快乐场。教师如果对这些问题一无所知，那么"备学生"只是一种表层的备课，根本没有抵达备课的高层境界，甚至有可能备得越认真，越是教不好。"名家人文教育高端论坛暨名师课堂研讨会"的一些名师则不然，他们用自己的智慧，很快激活了学生求知与乐学的内在需求，让他们感到学习语文原来还可以如此富有情趣，自己竟然还有如此之大的潜力。看来，不是学生不行，而是教师没有认识到学生的内在能量。当然，如果自己没有足够的文化储备与智慧能量，即使认识到了，也不可能触摸到学生那本来就很敏感的生命琴弦。其实，教师自身的教育观念与文化积淀，才是激活学生生命的本质所在，才是学生课堂学习高质多量且快乐的源泉。

"名家人文教育高端论坛暨名师课堂研讨会"一些名师的课堂教学，不只是当场激活了学生的思维，还激活了其他一些重要的生命因子。因为所有技巧的背后，都有一种深厚文化与大爱之心和谐而成的"道"的力量在活动。当然，这种"道"也并不是一直处于隐蔽状态，有时也显见于课堂教学的场景中。他们在课堂上的"见机行事"，以及处理突发事件的能力，往往是点燃课堂教学之火最美妙的"瞬间"，这个"瞬间"让学生以及听课的老师感到妙不可言，听课者不禁惊叹其超越常人的智慧，以及学生智力超常发挥的不可思议。而这本书中的一些课堂实录，则生动地还原了这种精彩，从而让更多听过他们课的教师重温其中的生动场景，让未曾听过他们课的老师也能深入其中，品味其中的奥妙。然后，进行自我反思，再考虑如何"学而时习之"，从而让自己的教学"起死回生"，并焕发生机。

这本书收录了9位名师的课堂实录，他们的课堂教学风格不同，水平不一；然而，正是这种"起伏"与"节奏"，才有了"横看成岭侧成峰，远近高低各不同"的妙道。这样，读者在阅读研讨的时候，才能各取所需"化而裁之""变而化之"地形成自己的东西。

正是基于这种思考，本书在编排的时候，没有根据讲课教师知名度的大小排序，而是依据"第十一届名家人文教育高端论坛暨名师课堂研讨会"（中学）讲课先后的顺序编排。先是授课名师的课堂教学实录，后面附以两篇当时听课老师所写的体会文章，称之为"听课回响"。这些文字，真实而有现场感，很受读者欢迎。我深信，基层教师是最有发言权的，也相信他们"听课回响"的文章一定有着不小的价值。

从 2009 年到 2019 年,"名家人文教育高端论坛暨名师课堂研讨会"已经举办了十一届,而且人气越来越旺,以至到了"人满为患"的地步。所以,万分感谢历届为我们会议上课的语文界的名师,也感谢众多参会的语文教师、校长和科研人员,以及支持他们学习的教育行政部门的领导。是他们让会议有了品质,有了影响,有了更好的发展前景。在此,作为主持举办这一会议的我来说,真诚地向你们说一声:"谢谢了!"

作为"第十一届名家人文教育高端论坛暨名师课堂研讨会"主办单位的中国教育报刊社人民教育家研究院,在全国享有很高的威望,其主办的意义之大是可想而知的;作为协办单位的福建教育出版社、河北省衡水市冀州区信都学校、湖南长沙诺贝尔摇篮教育集团对会议给予了大力的支持,让会议拥有了更加丰富的精神食粮;作为承办单位的北京凤凰师轩文化发展有限公司和北京中教鸿兴文化传媒有限责任公司,为办好会议作出了很大的努力,让会议显现了高端会议的品质;而媒体支持单位《教师博览》杂志社也送来精神佳品。这不由得让我想起了《周易》中的一句话:"二人同心,其利断金;同心之言,其臭如兰。"会议的成功,是一种合力的结果,也是一份共赢的事业。这本书的出版,则记载了这种合作共赢的美好。在此,一并表示深深的谢意。

2020 年下半年,又要举办"第十二届名家人文教育高端论坛暨名师课堂研讨会"(中学),这本书将作为这次会议的会议材料赠送给每位代表,希望大家能够喜欢并学有所得。同时,同样要有新的"课堂实录"与"听课回响"结集出书,我们期待这一成果的结晶能有"更上一层楼"的品质。

这本书得以出版,福建教育出版社功不可没。作为在全国很有影响的教育类出版社,福建教育出版社多年来一直是"名家人文教育高端论坛暨名师课堂研讨会"坚强有力的支持者。在市场经济大潮的冲击中，他们也不可能不关注出版的经济效益，可是，他们更注重社会的效益，这令我很是感动。不管是社长还是主任，以及我所接触过的编辑，他们身上散发出来的，更多的是社会担当的精神、"以文会友"的真诚以及视读者需求为生命的服务意识。这让我对他们深表感激的同时，也自然而然地对他们有了一份敬意。我在福建教育出版社出过十几本著作，留存下来的，不只是文本成果，还有真挚的感情与丰盈的精神。而这本书尽管不是我的著作，我只是主编，可是，它依然为我与出版社之间架起了生命融通的桥梁。

写到此，我突然觉得，当感恩在我心里回旋的时候，我也就幸福起来了。

陶继新
2020 年 3 月 26 日于济南

· 课堂实录 ·

《望岳》课堂教学实录

执教：赵谦翔

师：上课！

生：起立！

师：同学们好！

生：老师好！

师：请坐！听说你们都已经学过了这首诗，对吧？我发现你们用的教材，跟我的教材有很多出入，大家不看也罢。既然是学过的，那么就更好了！我们温故而知新——这话谁说的？

生：孔子。

师：孔子。温习旧的，能够知道新的，你就可以做老师了。做谁的老师？做那些没有温故知新的人的老师。那么，咱们就来尝试一下。首先，我们体验这首诗的音趣，音乐美。我们一起来读一下。（屏显）我涂红了的这些字，是什么字？一起说，这是什么字？（手指屏幕）

生：押韵的字。

师：这些是押韵的字。要把它读响，我起头："岱宗夫如何？"预备，齐生：（齐读）岱宗夫如何？齐鲁青未了。造化钟神秀，阴阳割昏晓。荡胸生曾云，决眦入归鸟。会当凌绝顶，一览众山小。

师：不但是押韵，而且这几个字都是第三声，是仄声韵。一般的律诗、绝句押平声韵，但这首诗，虽然中间两联也对仗，但是它不属于五言律诗，它属于五言古风，句中用字不含律诗的平仄规则。大家再读一遍，把仄声读重一点。岱宗——读。

生：（齐读）岱宗夫如何？齐鲁青未了。造化钟神秀，阴阳割昏晓。荡胸生曾云，决眦入归鸟。会当凌绝顶，一览众山小。

师：押韵没有太多的理论，用我们现在的话来说就是：韵母相同或相近。就这一句话。但是你要学会押韵，重复这句话没有用。凡读古诗，在韵脚上你读得重一些、强一些，慢慢你就会押韵了。音乐美，第一，押韵；第二，节奏；第三，平仄。古代诗歌的音乐美有许多。（手指屏幕）第二联、第三联都是对偶句，节奏要读好。"造化"是对"阴阳"的，"钟"是对"割"的，"神秀"对"昏晓"。所以读的时候就是——（范读）造化钟神秀，阴阳割昏晓。下边一样。我们把这两联读一下，造化——读。

生：（齐读）造化钟神秀，阴阳割昏晓。荡胸生曾云，决眦入归鸟。

师：读出节奏，就增加了音乐美。所以，我们就温习到这里。下边，我们要疏通这篇诗文。因为大家都学过了，那么我就提几个词考一考大家。"钟神秀"的"钟"是什么意思？（随机提问）

生："钟"的意思是聚集。

师：现在也有个词带"钟"，你知道吗？

生：钟爱。

师：钟爱，不错，还有一个叫钟情。钟爱和钟情就是感情专一，我的爱我的情全都聚集到你身上了，懂吗？三心二意那不叫钟情，所以这个词理解起来很容易，不用死记硬背。造化钟神秀，阴阳割昏晓。我再考一个词。会当凌绝顶，一览众山小。那个"小"啥意思？（随机提问）

生："会当凌绝顶，一览众山小"的"小"是渺小。

师：渺小。你上山以后，一看下边，山真的就渺小了吗？

生：就是作者看到下边的山广阔无垠。

师：你还是没回答我这个问题。请坐。谁来说一下这个"小"怎么解释？（生举手）

生："小"是登上这座山后，剩下的群山就相对比较小。认为……小，以为……小。

师：她说的三个解释，就是认为……小，觉得……小。说对了，在文言语法上这叫什么动？意动，所谓意动，就是我心里……"意"字就是底下带个心上边带个音，那就叫意。我觉得它变小了，所以这是感觉问题，不是真的就小了。你上山，别的山就小了，那怎么回事？那是神奇的事。所以这要注意，会当凌绝顶，一览众山小。看来我们词语理解落实得还是一般。一会儿咱们还会遇到具体的问题。现在有这么一个问题，（指屏幕），泰山，位于山东省，我们这个省，绵亘于泰安、济南、淄博三市之间，言外之意就是泰山也属于我们济南。那么泰山主峰玉皇顶海拔 1545 米，中国第一高峰珠穆朗玛峰，海拔 8844 米。可是为什么我们把泰山誉为"天下第一山"？这不是有更高的吗，怎么不说它是天下第一山，而说泰山是天下第一山？（生举手）

生：因为古代皇帝的封禅（chán）大典都在这里举行。

师：古代皇帝的封禅（shàn）大典。与佛教有关的读 chán，在这里当 shàn 读。封禅（shàn）大典，说得好！也就是说，我们不是按照地理概念来说谁第一，而是按照文化的概念来说谁第一，那么泰山就是第一。它不要说跟珠穆朗玛峰比，跟五岳当中的那几岳比，它的高度也只排第三，所以原来如此。大家把这段文字读一下。泰山——预备，齐。

生：（齐读）泰山被古人视为"直通帝座"的天堂，有"泰山安，四海皆安"之说。自秦始皇到清代，先后有 13 位帝王亲登泰山封禅或祭祀，另有 24 位帝王遣官祭祀 72 次。道教、佛教人士也视泰山为"仙山佛国"，在泰山建造了大量宫观寺庙，给泰山留下了 20 余处古建筑群，2200 余处碑碣石刻。1987 年，泰山更被联合国教科文组织评为世界上第一个"世界文化与自然双重遗产"。

师：有一个字音读错了，在泰山建造了大量的宫观（guàn）寺庙，佛家叫庙，道家叫观（guàn），所以不读观（guān）。我们学语文的，要处处咬文嚼字。所以我们现在就明白了，为什么封它为第一山。结论是什么？泰山是

3

中华民族的象征,中华民族的精神家园,故被誉为"岱宗"。"岱"就是泰山,"宗"就是首的意思。"天下第一山",所以杜甫面对的不是普通的山,而是神圣的山。他满怀崇敬与惊喜地发问:五岳之首的泰山,到底是什么样子呢?接着,就展开了他诗意的描绘。在座有多少人没去过泰山的,请举手。竟然还有这么多!这一课之后一定要去的,一定要去。中华民族精神的载体在这儿。国庆观礼看了吧?都集体收看了吧?

生:(点头)看了。

师:在阅兵和游行的时候,节目在直播中间插了一段祖国山河画面。第一幅画面就是泰山。因为习总书记讲了,我们要继承中华民族优秀文化传统。我们现在有红色文化、革命文化,但我们这革命文化是继承了古代先进文化的。

师:再来看"齐鲁青未了",诗人说那个郁郁葱葱啊,往北边的齐国望望,往南边的鲁国望望,郁郁葱葱,无边无际,懂吗?绿色无边。齐鲁大地就是泰山所在的地区,所以,他这个是远望啊!往北也好,往南也好,这不是远望吗?"造化钟神秀"呢?大自然把神奇秀丽都凝聚到这里来了,这又是怎么望出来的呢?望到神秀?

生:我觉得是细望。

师:请坐。肯定不是远望。他说细望。你就跟下边再比较一下。比如说都看见鸟儿了,看见云了。那就不够细。那它应该是什么望呢?你说。

生:我觉得是近望。

师:就是走近了看,才能看见,尤其是神奇啊,泰山的神奇。因为近处才能看到,比如说看到寺庙了,你就觉得神奇了,对吧?然后"阴阳割昏晓"。同学要注意呀,这个"割"字用得非常惊险。其实阴阳"隔"昏晓就可以。由于泰山很高,它在南面和北面就把早晨和晚上给分开了。说"隔"也行。他非说"割",用刀来割。所以说这个词用得非常险,但是效果非常好。嗯……找一个没发过言的。

生:我觉得是眺望。

师:眺望?你能解释一下,眺望是怎么望吗?

生:站到高处往下望。

师：你说得非常好！眺望不是一般的远望，是站在高处望。可是杜甫他没在高处，懂吗？所以你用错了。

生：我觉得应该是仰望。

师：为什么？

生：它很高，用"割"来突出它的高，所以我觉得他应该是仰望。

师：因为山高，要看，当然是仰望了。那最后就是什么望？细望。所以结论就是这样：齐鲁青未了——远望；造化钟神秀——近望；阴阳割昏晓——仰望；荡胸生曾云，决眦入归鸟——细望。一个"望"字都没有。我们"横看成岭侧成峰，远近高低各不同"。所以不同角度的望，便有不同特点的美，就把泰山的立体美全都发现了。我请你们做一个填空题。"望"之"美"：远望齐鲁青未了（屏显：青极大极）。就是绿极了、大极了。那么，近望造化钟神秀，那是什么极什么极？这个最容易了。仰望阴阳割昏晓，是什么极什么极？细望荡胸生曾云一直到入归鸟，是什么极什么极？想一想，按照"青极大极"的格式，下边填什么？谁想好了？举手。

生：第二句应该是神极秀极。

师：既然是造化钟神秀，大自然把神奇秀丽都聚集到泰山这儿来。当然，它就是神极秀极。那么，阴阳割昏晓呢？你说。

生：我认为阴阳割昏晓是高极陡极。

师：太精彩了，因为高。我问问你，"陡"是哪儿来的？

生：它是割开的。

师：对，刚才我讲割，他就明白了。你既然是拿刀割，刀唰的一下切下来，那是齐齐刷刷的山势，那就是陡，也可以说高极险极，对吗？最后一个，荡胸生曾云，决眦入归鸟。荡胸生曾云就是山里升起层层云雾，激荡我的心胸，山有雾的时候我们把那个状态叫什么？然后入归鸟，你看到归巢的鸟你得瞪大眼睛，鸟往山里头飞，你的眼睛跟着往里看，说明这山就不是一座，而是什么状态？谁能回答？（走过去）这个同学屡屡举手，我先不让你说，让同桌说。

生：应该是多极。

师：云雾升腾那是多极吗？

生：高极。

师：高极有了。

（生思考）

师：看到鸟往山里飞，我刚才说山不止一座，你说多极？

生：密极。

师：（将话筒递给另一位同学）你说说？

生：我认为应该是奇极远极。

师：奇极远极，山远那不行，山多那就是一重一重的山，那是山深啊，深邃啊！泰山不是孤零零的一座，有些同学特别注意观察了，山层层叠叠的说山深，而云雾笼罩那就是缥缈。请大家一起读：

生：（齐读）远望，齐鲁青未了：青极大极；近望，造化钟神秀：神极秀极；仰望，阴阳割昏晓：高极险极；细望，荡胸生曾云，决眦入归鸟：渺极深极。

师：就是这样，所以从不同角度望岳，就描绘出岱宗的至美。所谓至美，就是极端的美。"目"之所望，激发了诗人心之渴望。哪句是心之渴望？

生：（齐读）会当凌绝顶，一览众山小。

师：会当凌绝顶，一览众山小。所以，这个时候他的心情当然是什么极什么极？注意他没登上山。他说有一天我一定登上泰山。从他表决心的誓言看出他什么极什么极？有人想回答吗？

生：雄极盼极，盼望的盼。

师：她说雄极盼极，（请学生坐下）非常好！我尤其赞赏她那个雄极。这是一首豪放的诗，最后的渴望就是会当凌绝顶，一览众山小：豪极壮极。用你的雄极壮极也行。这首诗有望，有美，有情，这个远望、近望、仰望、细望都是目之所望，最后的渴望是心之所望。心之所望从哪儿来的？是目之所望激发出来的。现在我们品味诗眼。一首诗里点明这个诗主题的最重要的词句我们管它叫诗眼。这首诗的诗眼是什么？哪句诗是诗眼？

生：（齐读）会当凌绝顶，一览众山小。

师：会当，一定要，注意不能解释成应当，你解释成应当，跟谁讲道理呢？应当要登上泰山，你教育别人吗？会当是唐朝的口语，一定要。所以杜甫看到这么伟大的山，他激励自己将来一定要登上泰山。所以这个"一定要"太重要了。"会当凌绝顶，一览众山小"这两句诗的字面意思大家都懂，一定要登上泰山极顶，在那儿一看，其他的山都变小了，但是这里有言外之意。有人举手了，来你说。

生：就是杜甫誓要登上文坛顶峰。

师：誓要登上文坛顶峰，从具体的山他说到了文坛，我想别人也不用说了，他这个回答就很好，他读懂了诗。假如这个诗没有言外之意，那么这就等于是给旅游公司做广告，说泰山可好了，将来一定要登啊。就是说，我这次没有登，以后一定要登，那就不是诗了，所以这个同学理解得好。为什么杜甫会成为"诗圣"呢？咱们再具体说一下。看一下背景，杜甫在什么时候写这首诗呢？23岁第一次参加科举考试落第了，落第懂不懂？指没有考上。杜甫有那么高的才华，可是他第一次参加科考就落第了，看来考场无常。第二年他24岁时去看望他的父亲，经过泰山就写了《望岳》这首诗。想一想，假如你是杜甫，第一年科考失败了，第二年写了《望岳》，你的想法是什么呢？能不能一起说？一定要考上状元，那时一看其他人都在我的下面。我想杜甫那时会有这个想法的。不过杜甫以后就再没有经过科举考试，天下大乱了。但是杜甫有比这个更伟大的想法，杜甫在一首诗中写了他的人生抱负"致君尧舜上，再使风俗淳"。尧舜知不知道？中国古代贤明的君王。杜甫就说了，我要辅佐当今的皇上超越尧舜，然后使天下的风俗变得淳朴。所以杜甫的这句话就是对"会当凌绝顶，一览众山小"的注解。换句话说，那首诗是表达他人生政治理想的一首诗，不止是文坛上。正因为暗示了杜甫的伟大抱负，《望岳》才不是一篇导游词，而是一首意境深邃的诗。在"会当凌绝顶，一览众山小"的激励下，杜甫虽未如愿成为伟大的政治家，但终成为爱国忧民的诗圣。就刚才那位同学说的，在文坛上成了最高峰。显然他24岁时写的那首诗对他起什么作用呢？自励作用！杜甫写诗不是像我们现在为了考试而写，那是给他的人生写的诗。所以在他留下的诗中，这首诗是他的压卷之作。

师：同学们，学了这首诗我们要写作，你们以前就这首诗写过文章吗？没有吧。泰山由下至上，《望岳》全诗刻石四处，《望岳》诗句刻石四处。泰山那么多刻石，就有八处是杜甫《望岳》这首诗。（屏显：刻有"一览众山小"的图片）这是玉皇顶，泰山的顶峰。虽然非常高，但是地方特别小，没有办法在那里留影，所以只好从远处拍张照片让你们看看。那么多的题刻只把"一览众山小"放在这个地方，非常合适！既然如此，我有一首诗。（屏显）《读〈望岳〉》：

岱宗激发杜甫情，压卷好诗望岳成。

后人刻石泰山上，励志精神万代行。

现在激励我们吗？如不激励我们，你学那个诗就是为考试学的。激励你了，这首诗就走心了，帮助你提升素养，立德树人就成功了。请大家引用"会当凌绝顶，一览众山小"描绘你的人生梦想。微文要求：精诚，精练，精彩。精诚是一定要说真话，精练是指要说短话，精彩是指有多好文采都用出来。"三精"牌微文。第一次写，怕跑题，我举几个例子。（屏幕出示例文，师朗读）

范文一：我的梦想实而不华，只想当一名生物学家。大千世界，无奇不有，那无数种神奇的生物深深吸引着我。徜徉于山林，虽闻婉转的鸟鸣，但却不知这是什么鸟；游走于溪岸，常见彩蝶戏于灌木丛中，却不知这是什么蝶；漫步在旷野，总能见昆虫飞来飞去，嗡嗡声不绝于耳，却不知这是什么虫。对于那妙不可言的大自然，有太多的问题需要我们去探索。"会当凌绝顶，一览众山小"，杜甫实现了豪情壮志，赢得了"诗圣"的尊称，为何我不可以成为"科圣"呢？

范文二：我有一个梦想，就是做一个写手。倒不是说我不想成为"作家"，而是因为"作家"更像是一种职业。做一个写手，是以写东西为乐趣的，而不是一种谋生的手段。虽然我不会把写文章当作职业，但我依然会朝着鲁迅那样顶天立地真正意义上的作家顶峰攀登。"会当凌绝顶，一览众山小。"实现目标固然重要，但登山的过程更是令人向往的。

范文三：我有什么梦想？这是我第无数次问自己了。我不聪明，没有学习数理化的灵气，也没有吟诗作赋的才气，更没有驰骋球场的勇气。但我有一个希望，就是将来一定要为社会贡献自己的一份力量。我不一定像袁隆平那样创造使人类进步的成果，但我可以像地震中的谭千秋那样用自己的身躯保护祖国的花朵;我不一定成为一名出人头地的佼佼者,但我可以在自己的岗位上默默奉献;我不一定"会当凌绝顶,一览众山小",但我一定担负起我的责任,做一个有用的人。

范文四:生活中的我有着林黛玉似的性格:小心眼,斤斤计较,受不得委屈。读过杜甫的《望岳》,再想想自己连被人误解的委屈都承受不起,实在是倍感惭愧。青年杜甫在经历了科举考试落榜的挫折后,依旧坚守"会当凌绝顶,一览众山小"的壮志,而我受到一点点委屈就哭哭啼啼,实在是太没出息了。欣赏《望岳》,我悟出这样一个道理:只有具备"凌绝顶"的大气,才能成为"一览众山小"的大器。

范文五:我想成为一名书法家。每当铺纸提笔,龙飞凤舞,我都不禁浮想联翩:我决心朝着"书圣"王羲之的背影走去,成为像他一样被世人称颂的伟大书法家。虽然追梦路上,充满坎坷,但我绝不放弃,"会当凌绝顶,一览众山小"!

我梦不凡,高若泰山。走笔似云,铺展毛毡。

浮想联翩,勇往直前。天道酬勤,必定成贤。

(学生们开始描绘自己的人生梦想)

师:写完的同学可以交上,署名自愿。现在有同学交了。(师边巡视边收作业)

师:好了同学们,我现在手里有10份,咱们四十多个同学,我先讲评四分之一,等读完了这些,谁说读读我的,还有这么个机会,先做好准备。这些作文也没有什么顺序,但是有一个同学署名了,我先把署名的这份讲评一下。署名的同学最勇敢,管我对错,错了我就进步了,错着错着就对了,写着写着就会了,所以我们先给这位同学鼓掌。(全体掌声)

师:(读学生作文)我有一个梦想,就是成为一名老师。老师是一个神圣的职业,我不一定要像乡村教师一样,将智慧之光洒向荒野;我也不一定要像全国名师那样,充满喷涌不尽的才气。我只想将自己的智慧与汗水,混为雨露,洒向新一代祖国的花朵。梦想不是空想,我相信只有"会当凌绝顶",才能"一览众山小"。我只要勇敢追梦,终有一天会实现我平凡的梦想,为社会贡献属于自己的一份力量。

岱宗雄秀，令我赞叹。诗圣壮志，使我感慨。

我心有志，追梦不断。以梦为马，不负韶华。

（全体鼓掌）

师：这叫不叫诗？叫诗，因为它有意境在。有没有毛病？有点毛病，有的韵脚押得不太合适。比如说令我赞叹和使我感慨，叹和慨是不押韵的，但是追梦不断，断和叹押韵。最后的以梦为马，不负韶华，马和华押韵，押得有点乱。（生笑）调整调整就非常好了，比如说"我心有志，追梦不断。以梦为马，不负华年"。断、年押韵，这位同学是谁，请站起来，大家给她鼓掌。

（全体鼓掌）

师：习主席说过，英雄是从平凡来的。这位同学说她就想做一名老师，也不想做一个名师，但是能够踏踏实实做这样的老师就不简单了。你们要做就做今天与会的这样的老师，今天与会的老师，他们为什么而来，知道吗？他们不是单纯领着大家刷题，得分，高考，应试教育，就眼前的急功近利，他们是为了落实人文教育，立德树人，培养合格接班人来的，懂吗？做老师就得做这样的老师。再看下一个。

师：（读学生作文）我的梦想是游遍世界，传播中华文化。在大千世界中，我的梦想是多么渺小，但我只希望我一个小小的行为，可以让中国多一份色彩，哪怕它微不足道。在阅兵仪式上，中国军人的英勇，激发了我的爱国情怀；《中国机长》中，机务组人员的行为和中国亿万群众的呼唤，激起了我的斗志；《我和我的祖国》中，中华儿女为国争光的勇气，沸腾了我的一腔热血。中华上下五千年，华夏文化值得让更多人为之振奋。"会当凌绝顶，一览众山小"，总有一天，中国会站在世界之巅，优秀的传统文化也会伴随她。而我要做的就是帮助她一步一步到达顶峰。但我知道这不容易，这要经过多少年的铺垫呀。所以从现在开始，我将为这个梦想而奋斗，一步一个脚印，走上文化之巅，走向世界之巅。

师：这位同学没署名，我看看这位同学是谁。鼓掌，请坐。我知道，这段时间，配合建国70周年华诞，我们各学校学生都在看这些电影。这位同学走心了，跟这堂课联系起来了。他说得多好啊，一步一个脚印地走上文化之巅，走上世界之巅。但遗憾的是，你看你的"巅"字是竹字头，"巅"是山字头。懂吗？

师：（读学生作文）再看一个：梦想，一个深刻而高远的名词。自己的梦想虽不如杜甫那样伟大，但却是我终生奋斗的目标，"会当凌绝顶，一览众山小"成为了我在通往作家之路上的名言。我虽然没有那么博学多才的知识、磅礴大气的文笔，但我会时刻坚守着心中的目标，向将来的文豪前进，向以前的文人致敬。我坚信，只要"会当凌绝顶"，就可以"一览众山小"。

博览群书，妙笔生花；读书万卷，下笔有神。

才气贯通，齐聚自身；定成文豪，一览山小。

（鼓掌）

师："文豪"站起来啊，大家再给他鼓掌啊，很好。这个"文豪"在这堂课上，非常积极，一再地反复地举手啊。所以这样学语文，将来成文豪应该没问题啊。

师：（读学生作文）我的梦想是当一名老师。（看来老师有接班人了。）虽然我不像杜甫那样有如此之大的文采，但我有"会当凌绝顶，一览众山小"的雄心壮志。我常常鞭策自己要好好学习，向着自己的梦想勇往直前，不管路途多么艰辛，我也一定要勇敢地冲上去，不要胆怯，不要害怕。

有梦不怕，勇往直前，心意以决，（"以"应该用"已经"的"已"。）大胆前冲。

不怕失败，不怕嘲笑，大胆前冲，才能成功。（大胆前冲，才能成功，还挺押韵的。）

只有坚定，梦想才能实现；只有坚持，梦想才会成功。我要像杜甫那样，虽科考落第，但是壮心不已，仍创下了这千古名句，（那你就别落第了，是吧？你该考上，还得考上。）常常激励着万代。而我也要有所成就，向着我的梦想不断进步，不断前进。

师：首先有点儿问题了，你们看他写的是什么字啊？是甲骨文不？不是吧？老师看着很头疼的啊！希望从这次开始，从这刻开始啊，这个同学得练字啊，你瞅瞅，又大又小的，挤得啊，是天冷了吗？我来读读下一篇吧。

师：（读学生作文）我的梦想是成为一名商人。虽然我没有一个精明商人应有的××。（没有精明商人的什么看不出来了。）也并没有数学家一般的精

×的头脑，（精什么？好像是精确？）每当我想放弃的时候，我脑海中总会浮现杜甫那句"会当凌绝顶，一览众山小"。是啊，谁是生来就成功的呢？正如杜甫成为诗圣一般，不经历登山的艰苦，又怎么会看到顶峰的美景呢？（杜甫登山了吗？这个真的把这个登山坐实了是吧？）我相信自己一定可以成功。（你要想成功，从练字开始。这同学啊，咱就不点你名儿了，但你得知道你差距多大，你看前头那个啊。）

师：（读学生作文）我有梦想，我的梦想渺小，只想当一个老师。（看来我们都是渺小啊。前两个想当老师都没说渺小。我都一再讲了，习总书记说了，英雄出于平凡。咱们基础教育有一个英雄啊，这就是人民教育家，于漪，上海的，我们中小学老师的光辉榜样，90多岁了，渺小吗？一点也不渺小。所以千万别这么说啊，这么说以后我们老师怎么教啊？）老师这个职业说大不大，说小不小，（你刚才说渺小，你现在又说不大不小，所以你总在大小上做什么文章。）但是这个职业是我所向往的。每天虽能看到许许多多的物理现象，（看来不是教语文的，是吧？）但不知道这是什么结构；能看到许多精密的仪器，却不知道这东西叫什么。（看来你哪科都教吧？）虽能知道生活中接触物理，但不知道这是什么现象。（跟刚才的物理重复了。）我现在虽不能当老师给学生讲题，但我相信我要有"会当凌绝顶，一览众山小"的勇气和决心，必能成物理界的诗圣。（这回不渺小了，跟那个孔子一样高了，当诗圣呢。）世上无难事，只怕有心人。

师：结束了。这同学，其实也有优点，刚才我举了一个例子，那个想当"科圣"，看着鸟儿，不知是什么鸟儿；看着蝴蝶，不知是什么蝴蝶。他马上把这个学来了。另外，你当哪科老师啊？当全科老师啊？医生有全科医生啊。又对老师的大小问题，认识有点模糊，这篇文章，尽管有真情实感，但表达的问题太多了。我是主张"绿色作文"的，"绿色作文"头一条，有梦就写梦，没梦就别瞎编。像刚才范文中说自己像林黛玉那个，可以从另一角度学习杜甫啊，对不对？千万不要说假话！你有真情实感了，但没有很好的语言表达，还不是"绿色作文"，语文的字词句章这本事得有啊，努力学习啊。

师：这个同学也署名了，王艺佳：我的梦想是做一名优秀的幼师。（哎呀，这个好。是优秀的，不是一般的。一般的吧，你师范毕业了，分配当老师,你爱干不干,都得当,你挣钱,吃饭,那老师还有什么理想追求,懂吗,所以要当一名优秀的幼师,目标很明确啊!)为每一个孩子开启他们的人生历程。也许未来的我没有机会感受到"凌绝顶"和"一览众山小",但我的孩子们会"会当凌绝顶",而我要做的,就是当那座伟大雄伟的泰山,让孩子们仰视我,然后踩在我的身体上,(这说得太不适宜了。)站得更高,看得更远,走向泰山之巅,(走到你的头上去,是不是?)俯瞰万物,与杜甫一样,体会梦想,真正的"会当凌绝顶,一览众山小"。这个同学的表达有问题,是吧?你既然要当优秀的幼师,那优秀幼师就应该是泰山极顶,对吧?可最后你自己成了泰山,小朋友踩着你上去。想要表达,但表达得很混乱。但是这个目标很明确啊。从现在开始,努力走向你的伟大理想吧,我们给王艺佳同学鼓掌啊!

师:再来看下一篇:我的梦想是成为一名科学家,每当读到伟大科学家的故事,我总会发现,他们都在小时候立下伟大的志向,只有心中有"凌绝顶"的志向,才能有未来"小天下"的成就。我也是一样,每当发现不可思议的科学现象时,总会想深入研究,但最后结果往往是失败的。(这字写得不怎么样)科学的路上总是坚辛的,("艰"字又写错了)像攀登高极险极的泰山,但当你有了心之所向,最终总会登上泰山的顶峰,科学的顶峰,尽情看着来时路上看似不可能的困难障碍,在你心中、眼中渺小无比。但我不会沉浸在"小天下"的喜悦中,而是坚定地走下山,攀另一座更高的山峰!

师:这话也行,有一句话怎么说的?没有最好,只有更好。这座山登完了还要登。从小立下科学家的志,长大才有希望,没有志向就没有希望,有了志向肯定有希望。你们知道屠呦呦吧,她生下来的第一声呦呦的唤声被她父亲听到了,他父亲正读《诗经》,"呦呦鹿鸣,食野之苹",食野之苹的苹,就是后来提取青蒿素的青蒿啊!然后就给他的女儿起了个名叫屠呦呦,所以屠呦呦说她这一生就是为青蒿素活着的。成功以后,她在接受诺贝尔奖的时候,更说道,有一天,当她也离开这个世界的时候,请把她埋到青蒿当中。看,一生的追求就得从小时候开始。这个同学表达是不太清楚的,但是科学家的梦是坚定的,值得我们学习。

师:这个同学也署名了,姜灵晞。我的梦想是当一名汉服设计师(注意啊,汉服,中国的服装,这个具体了。)中华古典服饰文化博大精深,而汉服不该就此离我们远去。服章之美谓之华,礼仪之大谓之夏,汉服是中华民族的礼仪象征、精神寄托。仙气的披帛,玲珑的玉佩,各种充满美感的衣裙,都是我所喜爱的。我也许不能把汉服推广到每一个角落,但我可以用自己的画笔描绘中华最美的衣冠。让千年礼仪文化留一缕香烟,让汉服传统多一份守护。"会当凌绝顶,一览众山小",我相信,将来一定:

玲珑霓裳舞云霞,金钏玉佩绽光华。
仙裙长带摇钗冠,千年文化笔生花。

(掌声)

师:请这位同学站起来,这堂课发言也是积极分子,太精彩了!比我刚才举例的范文一点也不差,再给她鼓一次掌。(掌声)以后谁想穿汉服,你就找她,现在就有客户了。

师:下一个,我想当一名老师(哎呀,四个要当老师的了。)要为祖国的教育事业做出一点贡献。我的语文不一定是最好的,但我会努力体会汉字的奥秘;我的数学不一定是最好的,但我会努力探究数字的奇妙;我的英语可能不是最棒的,但我会努力并弄清那英文字母的合理组合。到那时,我也想体会一下"会当凌绝顶,一览众山小"的豪爽。但在此之前便要好好学习,为自己的梦想而坚持,而努力。我可能不是最棒的,我未必是最能干的,但我一定会是最努力的、最不怕苦的。(给他鼓掌。)是谁?站起来我看看,再给他鼓掌。几个想当老师的,表达各不一样。

师:下面这个是最后一个吧?我们一看就有点闹心,是不是?我的梦想是成为一名建筑师,我并没有想过,我要超越那些前辈们,我只是想做好建筑,仅此而已。看着自己的建筑做好后,向世人展现它们独特的美,可能我的希望很难吧?我希望,我以后能站在国际的舞台上,和国内外的建筑大师谈笑风生。(你不都说了吗,不想超越那些大师吗,你怎么又上国际舞台谈笑风生去了?)我希望,我有朝一日也能建出像紫禁城那样,或是超过紫禁城的建筑。"会当凌绝顶,一览众山小",我相信,只要我努力,我终有一日,能登上那无人可知的巅峰。

师:无人可知吗,那巅峰在哪儿啊?这同学想要谦虚,实际还想要上国际的舞台，还要超过紫禁城。表达有点混乱，但目标是很明确的。

师：现在有没有人说老师读读我的？交上来，给他鼓掌。好学生啊，恭恭敬敬双手交给老师，他叫孙海博。我相信，在这世间，每人都有梦，我也不例外。自小到大，无数的人问过我的梦想，我自己也曾想过。我曾经对自己的未来有无数种期望，然而现在我的意志坚定了。我要成为一名博物学家。所谓博物，意为广大。博物，包括了生物学、地理学等知识。当我一次又一次看见杂志上发表关于新物种的文章时，我的心也不免为之一振。我也深知，前途会有不同的坎坷、不同的困难在等待着我的挑战，但我丝毫不惧。杜甫当年科举落第，从此就有了"会当凌绝顶，一览众山小"的心志。我也怀有我的梦想，在将来，我相信我会以梦为马，以行为鞭，奔向我的梦想。作为博物学家，不论是服务于社会还是自然界，不论是颇有名气还是无人得知，我都会很快乐，都不会失望，因为我实现了我的梦想。

  古有落第杜甫，望岳赋诗，登岱宗而小天下；
  今有怀梦如我，以梦为马，逐梦想而广世界。

（掌声）

师：看来我们济南五中人才济济，还有那么多没有读的，希望下课也能留下，我来欣赏。时间关系，还有人要读吗？再给个机会，没有，就这样了吧。古代有一种说法叫教学相长，我这个老师就是随着教学生一步一步成长起来的，因为我元气不佳——我这个人智商不高，我底气不足——我只读到高二，没读过大学。所以每讲一次课，我就先当一个小学生，跟学生一样去学习，学完了，做了一个好学生了，我再给你们当好老师。这次课也是这样，这一次备课也激励了我，我也写了一个《古稀之年登泰山》：

  天门一长啸，泰山我登临。只为教望岳，专程体验亲。
  虽无少壮力，尚有伏枥心。六百七十阶，阶阶费苦辛。
  古稀加消渴，更患感冒侵。挥汗如下雨，喘息似呻吟。
  终至玉皇顶，痛苦并欢欣。孔子登临处，合影巨开心。
  诗圣小众山，激励千古人。明日课堂上，幸福弟子分。
  会当凌绝顶，追梦当创新。泰山神佑我，再登在八旬！

（掌声）

师：我不相信泰山有什么神灵，但我相信以杜甫这首诗为代表的泰山精神会激励我在八十岁的时候再登泰山。不仅是为了看风景，我希望我八十岁还能像今天这样生龙活虎地讲语文课，我这一辈子就是想当好一个语文老师。好了，同学们，我们的课该做总结了。请看习总书记是怎样说的："青年一代有理想，有本领，有担当。"三个"有"是条件，国家就有前途，民族就有希望。看见没有？三个"有"，第一个"有"，是有理想。你没有理想，下面的本领担当去哪儿施展呢？有理想，是大前提啊！所以这堂课我们学了杜甫的诗，引发了我们的理想，这是我们最终的落脚点啊！理想或大或小，绝对不可以无；理想或高或低，都要含正能量；理想或远或近，都要凭双脚走啊！你今天树立了理想，写成了文章，但天天喊口号，不去做，也白搭。所以，愿《望岳》的诗意，永远伴随我们寻梦，追梦，践梦，圆梦。

师：下课。同学们再见！

生：老师再见。

· 听课回响 ·

诗意尽染任天真

山东省济南高新区第一实验学校　段虹宇

在"第十一届名家人文教育高端论坛暨名师课堂研讨会"上，我与"绿色语文"再次相遇。"红心常葆，绿意永求"，赵谦翔老师用诗意的课堂诠释"绿色语文"的真意。"咬文嚼字真功夫，达意体情一点通"，是我听课后最强烈的感受；而赵老师为教好《望岳》，虽已古稀之年且身患感冒，仍勇攀泰山的豪情，更令我心生崇敬！

杜甫一生创作过三首《望岳》诗，其中最负盛名的当属青年时漫游齐、赵创作的五言古诗。清代浦起龙在《读杜心解》中说"会当凌绝顶，一览众山小"一句所展现的心胸气魄，让这首诗成为杜诗中的"压卷"之作。压卷好诗如何让学生学、悟、用？赵老师以课示范，做出了精彩的回答。

"望"字有千钧，悟诗有乾坤。仇兆鳌在《杜诗详注》中对"望"字作为全诗的意脉有过解释："首联远望之色，次联近望之势，三联细望之景，末联极望之情。"赏析课上，赵老师从"望"字入手，以"望"字贯全篇，引领学生描绘"目之美望"，感受"心之渴望"，既解诗脉，又悟诗情。

赵老师曾经说过："诗歌鉴赏不只是为了享受'音趣''情趣'和'理趣'，同时也是为了获得'文趣'。'文趣'既指'文字'之趣，也指'章法'之趣。"重视文字的推敲是赵老师诗教的特色，也是他诗教的立足点。学生对诗歌的感悟能力不是自然天成的，赵老师秉持咬文嚼字品诗句，才能悟出真意的诗教理念，引导学生变换视角"望"岳赏美，凝粹语言表达感受。赵老师抓住诗歌无一"望"字，但句句写向岳而望的特点，层层点拨，引导学生潜入诗句。学生变换视角读诗，从"眼望"体会"心望"，从而感悟到诗歌是个性情感的迸发，更是诗人思想的提纯。从所望到所绘，赵老师首先给出范例"远望：青极大极"作为抓手，让学生用一字精准描绘岱宗的至美。沿着学生的思维脉络，赵老师以泰山诗意的"至美"，区别客观景物的"实美"，让学生领悟到泰山的至美是诗人抒情表达的需要，是心灵的投射而不是现实的摹写。只有把握诗歌言志言情的特点，学生才会更好地理解诗人勇攀绝顶的豪情。从学生的课堂表现来看，他们在老师精当的点拨下，能够悟得杜甫"致君尧舜上，再使风俗淳"的伟大政治抱负，悟出言有尽而意无穷的道理，享受到诗歌的弦外之音、无言之美。

反思自己的课堂教学，咬文嚼字的功夫太欠缺，析字品句往往浅尝辄止，很少追本溯源。赵老师说过，咬文嚼字是对诗歌思想的提纯，诗歌教学不仅要训练学生读诗、赏诗的思维，更应该培养学生舍英咀华的能力，提升学生诗意表达的审美素养。

胸中有丘壑，微文有大义。文字与心灵的碰撞，是智慧的火花，更是诗意的遇见。每次听赵老师的课都有良多受益，而我最期待的是赵老师对学生微文的现场点评。"不学诗，无以言"。不作诗，又怎能真切地品味诗之甘醇？赵老师诗教的魅力就在于躬亲示范，用自己的诗激发学生创作诗歌的勇气，用微文写作开发学生语言表达的潜力。

以诗释诗，赵老师诗译《望岳》：

> 五岳之首，如何其山？
>
> 齐鲁遥望，青葱无边；
>
> 神奇秀丽，汇聚其间；
>
> 岱峰如刀，分割明暗；
>
> 层云升腾，激荡心田；
>
> 归鸟回巢，望眼欲穿。
>
> 总有一天，我登泰巅，
>
> 俯瞰众山，匍匐脚边。

以诗论诗，赵老师诗评《望岳》：

> 岱宗激发杜甫情，压卷好诗望岳成。
>
> 后人刻石泰山上，励志精神万代行。

《望岳》是青春之歌，理想之歌，励志之歌。如何设计契合诗境的微文写作练习，需要慧眼独到，匠心独运。赵老师以"寻梦、追梦、圆梦"立意，让学生引用"会当凌绝顶，一览众山小"，描绘自己的人生梦想。从而把诗教与立德树人的终极目标融为一体。

看学生的微文作品，更知老师教学智慧的灵验。例如一学生在微文中写道：我的梦想是当一名汉服设计师。中华古典服饰文化博大精深，而汉服不该就此离我们远去。服章之美谓之华，礼仪之大谓之夏。汉服是中华民族的礼仪象征、精神寄托。仙气的披帛，玲珑的玉佩，各种充满美感的衣裙，都是我所喜爱的。我也许不能把汉服推广到每一个角落，但我可以用自己的画笔描绘中华最美的衣冠。让千年礼仪文化留一缕香烟，让汉服传统多一份守护。"会当凌绝顶，一览众山小"，我相信，将来一定：

> 玲珑霓裳舞云霞，金钏玉佩绽光华。
>
> 仙裙长带摇钗冠，千年文化笔生花。

赵老师点评学生微文："汉服设计"选材内容具体，文化传承立意高远，语言表达精练精彩，结尾以诗歌作结更看出学生内心诗意的迸发。在点评每个学生的微文时，赵老师都会在立意的关键处给出恰当的建议，指出学生遣词用句的症结，肯定其可贵的闪光之处，让各个层次的学生都有作文乃至做人的提升。

一节好课，万千感叹。感诗意尽染的课堂，叹一片天真的师心。早在 1984 年，36 岁的赵老师就在《春节乐》中写下自己的人生誓言："胸中蓄水万斛，会当高屋建瓴。"如今 2019 年，72 岁的赵老师在执教《望岳》的课堂上，再次发出新的誓言："会当凌绝顶，追梦当创新。泰山神佑我，再登在八旬！"

一生追梦教坛中，胸有丘壑满诗情。

任凭岁岁增华发，不减当年绿葱茏。

无疑生疑　深耕心灵

河北省保定市徐水综合高中　刘海英

在"第十一届名家人文教育高端论坛暨名师课堂研讨会"上，我有幸聆听了赵谦翔老师的《望岳》赏析，可谓直抵心灵。相信，这样一节课，足够学生咀嚼一生了。

想想自己的课堂，备课、讲解等每一个环节虽然都认真对待，也颇为费神，可是，在过后提及相关内容时，学生却总是记忆模糊甚至一脸茫然。这到底是为什么呢？我一直百思不得其解，甚至有时就想，一定是学生学习不够认真不够努力。可转念又想，赵老师的课是去年听的，为什么今天我想起仍犹在耳？

直到听了唐江澎校长的讲座，我才豁然开朗。他的话似一记重锤，敲开了我的心门，阳光瞬间彻照。他说："于无疑处生疑，能深耕心灵。"是啊！只有打动心灵，才会让人在记忆中刻下印痕，有了心痕则一定终生难忘！

无论是《饮酒》还是《望岳》，哪一篇不是通俗易懂在我或学生看来没啥可讲又无疑可问的作品呢？但哪一篇在赵老师的课堂上不是叠起波澜耐人寻味呢？心下细捋，所得一二，不知对否：其一，在看起来寻常无疑之处着力，正符合了人的探奇心理，从而拨动学生深思探究的心弦，激发出学生无尽的主动学习之能量。而自我实践的过程和结论都会深深留痕,这是深耕心灵的过程,也是深耕心灵的能量。其二,深耕心灵从深耕文字与文意开始。此一二所得,相辅相成,相得益彰。

现在,重温赵老师的《望岳》课堂吧,我要再次体悟他深耕文字—深耕文意—深耕心灵的精髓,也再次深为自己的浅陋汗颜并尤为自己躬逢人文论坛盛宴以得教特感幸慰。

开篇从诗题"望岳"二字入手。设疑:1."望"是什么意思?全诗除题目有一"望"字,便再无"望"字出现,那是怎么体现"望岳"的呢?2. 泰山海拔1545米,比它高的山有的是,为什么它能身居五岳并为之首?

是呢,简易如此的两个字,竟有这等多的疑问呢!随着赵老师引领学生们对诗句抽丝剥茧,我们终于经曲曲花径步入桃源!你看:"青未了"——望到山之青极大极,此为远望;"钟"(集中、专一)——望到山之神极秀极,此为近望;"割"与"隔"一较——便望到山之高极险极,此为仰望;"决眦"——望到山之渺极深极,此为细望。全诗不仅处处写望,且望之各异所望不同。仅一"望"字便衍出这许多文章!尤其赵老师这几"极"的概括画龙点睛,实为神笔。而对疑问2的分析,则将泰山的历史意蕴、文化内涵一一道来,在座之人无一不对泰山的神圣而仰止,因中华文化的深邃厚重而骄傲!课堂走到这里,赵老师以其大匠之心开启的耕心之旅已让人心旌摇荡,而对诗的最后一联"诗眼"的深入挖掘更令人赞叹。

"最后一联:'会当凌绝顶,一览众山小。''会当'是'一定要'的意思,这两句诗的字面意思大家都懂,就是,一定要登上泰山极顶,在那儿一看,其他的山都变小了。在此我要问:难道杜甫是个导游吗?他在替旅游公司做广告吗?"赵老师话音未落,笑声响起,但大家很快敛色深思。是呢,此联的言外之意到底是什么呢?刚刚以为课堂即将结束意欲松弛的神经马上又兴奋起来。又是一番学生的积极思考踊跃发言,又是一番老师的旁征博引精耕细作,满座皆叹,杜甫不愧诗圣之称,此诗不愧为其压卷之作。至此,如果是我,应该就课堂完美收官了。

难道还有什么疑问吗?

有,还有!

赵老师说:"同学们,我们理解了杜甫的胸怀天下之伟大抱负,但这不是我们的终极目标,更重要的是这首诗的激励作用。激励你了,这首诗就走心了,帮助你提升素养,立德树人就成功了。否则,我们学这首诗就是为考试学的。现在,请大家引用'会当凌绝顶,一览众山小',描绘你的人生梦想。微文要求:'三精'牌——精诚,精练,精彩。精诚是一定要说真话,精练是指要说短话,精彩是指有多大文采都用出来。"

学以致用——用于写作、用于思考、用于心灵和素养的提升!这才是语文之道啊!

在之后的学生作品当堂交流点评中,赵老师巨细不遗,从梦想担当到遣词用字,深耕细作,点石成金,令在场的每一个人都感觉不虚此行。

但赵老师自己却总是那么谦虚,同时又那么充满力量,他说:"古代有一种说法叫教学相长,我这个老师就是随着教学生一步一步成长起来的。每讲一次课,我就先当一个小学生,跟学生一样去学习,学完了,做了一个好学生了,我再给你们当好老师。那么这次课也是这样,这一次备课也激励了我,我也写了一个《古稀之年登泰山》。"

> 天门一长啸,泰山我登临。只为教望岳,专程体验亲。
> 虽无少壮力,尚有伏枥心。六百七十阶,阶阶费苦辛。
> 古稀加消渴,更患感冒侵。挥汗如下雨,喘息似呻吟。
> 终至玉皇顶,痛苦并欢欣。孔子登临处,合影巨开心。
> 诗圣小众山,激励千古人。明日课堂上,幸福弟子分。
> 会当凌绝顶,追梦当创新。泰山神佑我,再登在八旬!

"我不相信泰山有什么神灵,但我相信以杜甫这首诗为代表的泰山精神会激励我在八十岁的时候再登泰山。不仅是为了看风景,我希望我八十岁还能像今天这样生龙活虎地讲语文课,我这一辈子就是想当好一个语文老师。好了,同学们,我们的课该做总结了。请看习总书记是怎样说的:'青年一代有理想,有本领,有担当。'三个'有'是条件,国家就有前途,民族就有希望。看见没有?三个'有',第一个'有',是有理想。你没有理想,下面的本领担当去哪儿施展呢?有理想,是大前提啊!所以这堂课我们学了杜甫的诗,引发了我们的理想,这是我们最终的落脚点啊!理想或大或小,绝对不可以无；理想或高或低，都要含正能量；理想或远或近，都要凭双脚走啊！你今天树立了理想，写成了文章，但天天喊口号，不去做，也白搭。所以，愿《望岳》的诗意，永远伴随我们寻梦，追梦，践梦，圆梦。"

　　赵老师之所以能有无穷之力千机之巧去深耕人的灵魂，原来除了在无疑处设疑，更主要的是他首先在自己的灵魂深处心田之间深耕细作拓方寸而成山河啊！真的是胸有万壑乃称大师而能助人成大器。

　　一节课就这样倏忽而过，细细的咀嚼让我知道了"所有对文化、品德、学识等内涵的追求，都要从引领学生对文字的触摸开始"，平淡处探疑让我明白了所有对文字的触摸最终要达成对文化、品德、学识等内涵的追求。这，让我深明了自己，深明了教育；这，更深犁了所有师生的内心。

　　写到这里，我有点犹豫了，我的这篇心得还能简简单单地用"无疑生疑，深耕心灵"这种类似剖析课堂技巧的词语做题目吗？但以我的浅陋又如何找到恰切的词语来涵盖赵老师的深厚和高达呢？唉！权且如此吧，终究我是知道了自己浅陋的根由，明白了自己"无疑"才会教人"生疑"，明白了丰盈自己才会与人深耕心灵！题目便这样做一别解吧。

·课堂实录·

《阿房宫赋》课堂教学实录
执教：唐江澎

师：今天，我们一起来品鉴被誉为"古来之赋，此为第一"的《阿房宫赋》。有这样一个故事，说苏东坡当年读此赋时可谓"寒宵百读"。请大家把下发的评注里的"寒宵百读"故事读一下。

生：（齐读）东坡在玉堂，一日读杜牧之《阿房宫赋》，凡数遍，每读彻一遍，即再三咨嗟叹息，至夜分犹不寐。

师：苏东坡读的时候是读了多遍。"每读彻一遍"中的"彻"是什么意思？是透彻、通透之意，也即真正把它读明白了。而且读了之后有一个非常外向化的动作，是什么？

生：再三咨嗟叹息。

师：还有两个老兵，在那里说，半夜不睡觉在读什么呢？有一个人说，我就听懂了一句"一人之心千万人之心也"。苏东坡说，听懂这一句就算他听明白了。我们现在就开始再三来读被称为"古来之赋，此为第一"的《阿房宫赋》，我们也看看能不能力争把里边的一些点读彻了、读透了。我们无法在一堂课里"寒宵百读"，但是要力争在一些点上读透。请看开头的这12个字，请同学们齐声诵读。

生：（齐读）六王毕，四海一。蜀山兀，阿房出。

师：霍松林先生曾这样评价这十二字："起势雄健，于叙事中寓褒贬，为此后的许多文字埋下根子，概括无限深广的内容。"我们现在就来细读这十二个字。我们先从"蜀山兀，阿房出"这六个字读起。这六字概括了哪些内容？至少说两点。"蜀山兀"是怎么回事？

生：蜀山兀，因为蜀山木尽。

师：读出了木尽。蜀山木都上哪儿去了呢？

生：建阿房宫。

师：你起码读出了第一层，就是阿房宫的材料的来源地是——

生：蜀山。

师：这是第一层。还可以由此说第二层，说明阿房宫用料之——

生：用料之多。

师：以至于——

生：劳民伤财。

师：错。我知道我们都已经学过了，但别急着贴标签。这个"兀"字说明"多"，"多"说明了什么？

生："多"说明了阿房宫豪华。

师：刚刚我们同学说了两条，一是取材于蜀山，二是用料之多以至于蜀山木尽而兀。有哪个同学还愿意补充第三条，有吗？没有。请同学们一起来背一背唐诗《蜀道难》，能背出来不？背不出来，那就跟我后边念。蜀道之难，难于上青天。

生：（齐读）蜀道之难，难于上青天……

师：这是我今天刚找的一个卫星云图。大家看，阿房宫在今天的咸阳，蜀山横隔秦岭。他们把蜀山上边的木材都用光了，有两种可能，一种可能是蜀山上面的木材特别适合建造阿房宫。第二种可能，那就是，是什么？你说。

生：还有可能就是秦岭的树木都已经被砍完了。

师：对！近处的木材均已砍伐殆尽，无奈跨越阻隔，翻过了连鸟都愁飞不过去的蜀山取到了那里的木材。这是第二种可能。好，起码说明了阿房宫附近的森林被砍伐殆尽，取材之广远。还能再说第四条，还能说明什么？

生：统治者的奢华享乐。

师：别急着给统治者贴标签。我现在怕的是我们语文课上净剩标签了。我们今天要做的是实实在在地分析，真正把它读透，说出自己的悟，而不是老师给你贴标签。说明什么？运输之苦，劳民之重。我们要再说下去，咱们今天就只能说这四句，就不上其他的了，还能再说，但我们就此打住。请同学们笔记记录，概括了无限深广的内容，至少有四条：用材之多，以至于蜀山附近而兀；取材之广，近处被砍伐一光；运输之难，要远涉蜀道艰难；劳民之重。所以说这开头的"六王毕，四海一，蜀山兀，阿房出"，实在是概括无限深广的内容。那么读起来恐怕就不能像你们刚才那样轻飘飘地读了。学了历史，我们知道，从公元前236年开战，一直到公元前221年才怎么样？三个字，哪三个字？"四海一"。这整整15年，秦的统治者干了一件事，是什么？"六王毕"。然后把这些伟大的统一功业完成之后，他雄心勃勃地要给自己的功业建造一座纪念的丰碑，这就是——

生：（齐答）阿房宫。

师：用什么样的建筑才能够把这么伟大的功业呈现出来呢？那种大，那得要多大呀？

生：（齐答）覆压三百余里。

师：好。这我们后面再来说。现在我们揣摩起势十二字之雄健。有一个诗人叫臧克家，你们听说过吗？

生：没有。

师：没有听说过？现在都不学他的文章了。我们现在的学生只熟悉课本上选的作品，再无名的作者写的作品只要选入教材，作者都成了名家。再有名的作品，只要没选进我们的教材，我们好多孩子都对它一无所知。臧克家先生读到这十二个字时，赞叹赋的开头说："真是突兀有力，如泰山压顶。"诗人当时费了多少心思和何等想象，才锤炼出这十二个字来。我们得好好把它放到手心上，仔细地去捏一捏、搓一搓、摩挲摩挲，这就是语文学习最基本的方法。"六王毕"，多少个王朝哗啦啦如大厦倾，就这样倒下了。"四海一"，这个"一"，要读出霸气，读出王者气概。同学们想一想，贾谊在《过秦论》中用了哪几个词说这个"一"?"席卷天下,包举宇内,囊括四海之意,并吞八荒之心。"我们把这几个字喊一喊,行不行?把气练一练,我觉得你们气太短了。"席卷天下,包举宇内,囊括四海之意,并吞八荒之心。"(示范朗诵)

生:(齐读)席卷天下,包举宇内,囊括四海之意,并吞八荒之心。

师:再来一遍,就这么读。

生:(齐读)席卷天下,包举宇内,囊括四海之意,并吞八荒之心。

师:好。有了这个打底,我们再来读《阿房宫赋》开头十二个字,记住,一定要读出雄健的气势来。站起来,大声读。要自己体会,想好了就读。

生:(齐读)六王毕,四海一,蜀山兀,阿房出。

师:再来。

生:(齐读)六王毕,四海一,蜀山兀,阿房出。

师:我不难为大家了,你们已经比原来读得好多了。请坐。注意,你可以用在旁边写批注的方法记一下你的理解。其实读得好并不是声音好,而是对文章理解得透彻。我们必须把苏东坡"寒宵百读,咨嗟叹息"的那种劲儿读出来,好不好?第一句是沉重的感慨,第二句是霸王的气概,第三句是对不恤民情的怨愤。第四句是"覆压三百余里,隔离天日",要读出一座巍峨的宫殿出现在东方的地平线上、覆压三百余里的巍峨气势。要这样来读:"六王毕,四海一。蜀山兀,阿房出。"(示范朗诵)所以朗读文章,重点是理解。理解之后,用声音把它表现出来。你们愿不愿意再跟着我读一读?今天要把你们教成我这样,难着呢。我从你们这么大、可能比你们还小的时候,从高中第一次听"阅读与欣赏"广播的时候,第一次听夏青先生朗诵《阿房宫赋》的时候,就被迷上了。一迷至今四十年。所以你们今天要读到我这份上还不大可能。但我们可以慢慢地模仿。再试一试。

生:(齐读)六王毕,四海一,蜀山兀,阿房出。

师:我们借助手指横扫的动作,把"四海一"再来一遍。

生:(齐读并辅助动作)四海一。

师:扫平天下了吗?扫的感觉出来了吧?"蜀山兀,阿房出"。(示范朗诵并辅助突起的动作)

生:(齐读并辅助动作)蜀山兀,阿房出。

师：再来。

生：（齐读并辅助动作）阿房出。

师：我再教你们一句，说到这里说热闹了。我们来看"鼎铛玉石，金块珠砾"这一句，你们看一下文中的注释。我听同学们是这样读的，"鼎铛玉石，金块珠砾"。（教师模仿学生的读法，一字一顿）。你们是这样读的吧？那就不对了。看看古人是怎么评的呢？《渖南遗老集》里这样说，"鼎铛玉石"实际上是"视鼎如铛"。鼎，宝鼎，铛，农家用的铁锅。鼎当铁锅，美玉当石头，黄金当什么？土块。珠宝当什么呢？

生：砂砾。

师：对，砂砾。要读出什么样的意味呢？视鼎如铛，视玉为石，视金为块，视珠为砾。要把反差感读出来，我再给大家读一下，你们再体会。我今天不是教诵读的，是用诵读的方式让你们把文章体会得更深一点。"鼎铛玉石，金块珠砾，弃掷逦迤，秦人视之，亦不甚惜。"（示范朗诵）明白了吧？我们再来读一遍。

生：（齐读）鼎铛玉石，金块珠砾，弃掷逦迤，秦人视之，亦不甚惜。

师：读出那种沉重的感慨来就行了。好，我们再来看"覆压三百余里，隔离天日"。古人常用评点的方式把自己独到的见解写下来，我今天所选的评点有古有今，汇集了一流研究专家的点评。我们来学古人点评的方式，试着自己评一评。"覆压三百余里"紧承哪一个字而写？

生：出。

师："覆压三百余里，隔离天日"写了阿房宫的什么？你千万不要和我说盛大、豪华。

生：巍峨。规格。

师：不是巍峨，是规模。然后大家再来评，"覆压三百余里"是写的什么？哪一个字？

生：宽。

师：宽，对。"隔离天日"是写什么？

生：高。

师：这就是学语文了，不是贴标签了，一个字一个字地落实。再看下一个例子。"燕、赵之收藏，韩、魏之经营，齐、楚之精英"这是在写六国之珍宝。大家把这两句话放在一块来看，"燕、赵之收藏，韩、魏之经营，齐、楚之精英"和"几世几年，剽掠其人，倚叠如山"都是写珍宝之多，但写的角度不一样，前一个是从哪一个角度写的？后一个又是从哪一个角度来写的？

生：一个是从时间上，一个是从地域上。

师：非常好，一个是从时间上，一个是从地域上。时间上叫什么写？地域上叫什么写？各用一个字回答。语文老师平常教你们的那些字，要琢磨透再用，不琢磨透不要用。

生：时间上长。

师：时间上叫什么？长？时间上长写？地域上扁写？到底哪两个字？

生：纵横。

师：对，纵横两个字。时间上是纵写，地域上是横写。燕、赵、韩、魏、齐、楚是横写珍宝之多，几世几年是纵写。文章都不是乱说的，一句与一句之间一定有内在逻辑。所以读文章要慢慢琢磨其中的门道。再看"蜂房水涡"，"蜂房"写建筑之什么？用一个字来形容，不能用多。

生：密。

师：密。"水涡"写建筑之——哪个字？密能说出来，因为"蜂房"你们见过，覆压三百余里的房子远看像蜂房一样，是写其密。"水涡"你们见过吗？水的漩涡，这是写建筑的什么？

生：绕。

师："绕"接近了，之旋，之曲。这样慢慢琢磨，味道就出来了。一篇文章绝不是把加点字弄会了，翻译过了，就算学会了。今天我绝不问你加点字，绝不问你虚词，绝不让你翻译，我觉得这些你们都会了。今天我们还要朝前走一步。再来看句式。古人曾说，"长桥卧波，未云何龙"是"故设疑问作比"，什么叫"故设疑问作比"，知道吗？它不是问题，是故意来设问，是无疑而问，用疑问的方式来表达比喻。"长桥卧波，未云何龙"那个跨建筑之间的横桥，在天地之间，没有云怎么会来龙呢？架空的复道没有雨过天晴，怎么会有彩虹凌空呢？其实是想说，这长桥简直就是云中之龙，这复道简直就是雨过天晴时挂在天上的彩虹。是这个意思吧？如果是这样说，和"未云何龙""不霁何虹"相比，差别有多大呢？从表达效果的角度琢磨琢磨。表达效果题一般怎么回答？凡是问表达效果，应该回答。再想一想"长桥卧波，未云何龙？复道行空，不霁何虹"这几个句子，在下文中还有没有类似的故设疑词、以疑作比的句子？有没有？有就念出来，是哪一个？

生：（齐答）奈何取之尽锱铢，用之如泥沙？

师：这是不疑而问吗？不是这个。用故设疑问、以疑作比的方式，是哪个句子呢？找到了吗？

生：高低冥迷，不知西东。

师："高低冥迷，不知西东"是作比吗？要找到比喻，这个比喻是故意设造的，把"未云何龙""不霁何虹"想想清楚，明明不是龙、不是虹，说它像云中之龙，说它像雨后的彩虹。还有哪里？"明星荧荧，开妆镜也"，再朝下读。

生：（齐读）绿云扰扰，梳晓鬟也；渭流涨腻，弃脂水也；烟斜雾横，焚椒兰也。雷霆乍惊，宫车过也；辘辘远听，杳不知其所之也。

师：对，这些都是故设疑词、以疑作比。明星闪闪亮怎么回事？不是天上星星闪闪亮，是高台上那些宫女们打开了梳妆镜。烟气腾腾是怎么回事呢？那不是烟气腾腾，是宫女们在焚烧她们的香料。渭河今天怎么突然涨水了呢？不是渭河涨水了，那是宫女们在倒她们的洗脂水。怎么雷声滚滚？不是雷声滚滚，那是承载宫人的车过去了。这都是故设疑问以作比，明白了吗？把这几句话读一遍，"绿云扰扰"，预备，齐。

生：（齐读）绿云扰扰，梳晓鬟也；渭流涨腻，弃脂水也；烟斜雾横，焚椒兰也。雷霆乍惊，宫车过也；辘辘远听，杳不知其所之也。

师：我们在读的时候，要把故设疑问的语气读出来，要把效果读出来。这几句话有更让人惊讶、赞叹的效果，是不是？哦，原来是……哦，原来是……一惊一乍，明白吗？"绿云扰扰，梳晓鬟也；渭流涨腻，弃脂水也；烟斜雾横，焚椒兰也。雷霆乍惊，宫车过也；辘辘远听，杳不知其所之也。"（示范朗诵）这样朗诵更好。我上来就说，为了纪念他的这份伟大的功业，他要给自己建造一座巍峨的丰碑。我们刚才也说了，《阿房宫赋》开头十二字为后文许多文字埋下了根子。我们下面再来看看，它是怎样埋下根子的。"覆压三百余里,隔离天日""长桥卧波,未云何龙"写规模之大,而后面的"绿云扰扰,梳晓鬟也"是写美人之多,"燕、赵之收藏,韩、魏之经营,齐、楚之精英""鼎铛玉石,金块珠砾"是说珍宝之丰盛。这就是秦始皇为自己建造的一个丰碑,没有阿房宫"覆压三百余里"这样的规模,不得以显示他灭六国、统一天下的伟绩;没有"妃嫔媵嫱,王子皇孙,辞来下殿,辇来于秦"的壮举,就不足以在纪念碑中装填战利品;没有广泛地把六国的珍玩奇宝收藏一起,就没有办法显示秦始皇对天下珍宝的聚拢与占有。帝王的梦想与业绩,帝王的贪婪与骄奢,都建筑在这一座巍峨的功业纪念碑式的宫殿里。在帝王的心中,这样的阿房宫这样的排场,才配得上他的伟业与功绩。这是秦始皇心理意义上的"阿房宫"。有人曾经在论文中指出,历史上的阿房宫,实际上并非如此。历史上的阿房宫,在它还没有建造完毕的时候,就已经未成而亡。有一个学者曾经写了一篇论文,从五个角度去研究阿房宫,指出有史学上的阿房宫,有文学上的阿房宫,有考古学意义上的阿房宫,有图像意义上的阿房宫,也有废墟的阿房宫,但是它们都不止停留在秦代,而是栖落在不同的时间点上,从中我们可以看到一种历史形象如何在人与物跨时空的对话中逐步建构起来,可以看到记忆与想象在这个过程中所扮演的角色如何交织。我现在要提出一个非常重要的问题,看大家如何理解这个问题。我们顺着文化学者郑岩的思路朝前走,史学上的阿房宫是"未成而亡"的,考古学中的阿房宫是未有烧灼痕迹的,而文学上的阿房宫是杜牧极尽铺张之能事而绘制出的无比壮丽的宫殿。但这是杜牧所构建的文学阿房宫的全部吗?

生:不是。

师:不是。还缺什么?就是杜牧的阿房宫作为一个文学的构建,它仅仅是我们刚才所读到的那些繁华吗?是那个"盘盘焉、囷囷焉,蜂房水涡,矗不知乎几千万落"的阿房宫吗?是那个"使负栋之柱,多于南亩之农夫;架梁之椽,多于机上之工女;钉头磷磷,多于在庾之粟粒;瓦缝参差,多于周身之帛缕"的阿房宫吗?不仅仅是,杜牧笔下文学的阿房宫还有另外四个字,就是《古文观止》里边所说的,"无数壮丽,只以四字了之"的那四个字,大家一起来说。

生:(齐答)可怜焦土。

师：可怜焦土。"起势雄健，于叙事中寓褒贬，为此后的许多文字埋下根子。"现在理解了吧？我们可以分析一下这一句——"使负栋之柱，多于南亩之农夫；架梁之椽，多于机上之工女；钉头磷磷，多于在庾之粟粒；瓦缝参差，多于周身之帛缕"。"负栋支柱""架梁之椽""钉头磷磷"和"瓦缝参差"，说的都是阿房宫的规模与形制，但是用什么来作比呢？用的是"南亩之农夫"，用的是"机上之工女"，用的是"在庾之粟粒"，用的是"周身之帛缕"，用的是男耕，用的是女织，用的是口中食，用的是身上衣，来比阿房宫。所以前半句说的是秦，后半句说的是人。是不是？秦爱的是什么？

生：纷奢。

师：人念的是其家，此心一也。那么为什么杜牧要构建这么一个阿房宫？他把写这篇文章的全部目的，在最后一段里面说明白了。请同学们认真朗读最后一段，并且学习古人评点的方法，用一个字来说明——它寓褒贬于句式当中，根本的目的是什么？请读最后一段。

生：（齐读）呜呼！灭六国者六国也，非秦也。族秦者秦也，非天下也。嗟乎！使六国各爱其人，则足以拒秦。使秦复爱六国之人，则递三世可至万世而为君，谁得而族灭也？秦人不暇自哀，而后人哀之。后人哀之而不鉴之，亦使后人而复哀后人也。

师：（朗诵）呜呼！灭六国者六国也，非秦也。族秦者秦也，非天下也。嗟乎！使六国各爱其人，则足以拒秦。使秦复爱六国之人，则递三世可至万世而为君，谁得而族灭也？秦人不暇自哀，而后人哀之。后人哀之而不鉴之，亦使后人而复哀后人也。用一字作评，是哪一个字？

生：鉴。

师：谢谢同学们。我们留一个长作业，课后请阅读郑岩一万字的长文《阿房宫：记忆与想象》（《美术研究》2011年03期），围绕阿房宫五个层次的特征和杜牧如何建构文学阿房宫两个话题，完成一篇读书笔记，2000字以上，引文和出处都必须标明，写作时注意学术规范，本学期完成，完成之后发我邮箱。再见，同学们！下课！

· 听课回响 ·

在触摸语词中体悟奥义，实现深度学习

江苏省锡山高级中学　杨　梅

全国著名特级教师唐江澎在教授《阿房宫赋》时，利用名家评点集注引导学生触摸语词、体悟奥义，让学生用声音表达对千古名赋的理解，让学生建构文学意义的"阿房宫"，最终让学生在领悟文学之美的同时实现了深度学习。考察唐老师的课，其引导学生借用古人的方法学习古文的做法，其对名家点评的妙用，其对朗诵体验活动、长作业、文本存在意义探究活动等的设计，对新课标下的语文教学具有借鉴意义，启发人思考语文学习的规律、方法和意义。

澳大利亚学者提出的四层读写能力模型，将阅读文本时的读者角色定义为四种类型——密码破译者、意义建构者、文本使用者和文本评论者。美国学者在谈及"理解性阅读"时，认为"应该鼓励学生作为读者持有不同的观点或扮演不同的角色，然后帮助他们更深刻、更全面地深化对文章的理解和学习。如果我们没能提供这样一门课程——在该课程中所有四种角色得以提升，学生知道怎样在它们之中来回转换——那么，我们势必会伤害学生和社会"。

多数老师在教授包括《阿房宫赋》在内的经典文言文篇目时，都把教学重点放在了"言"上，即文言文词汇积累与翻译，文意只是略微提及。在这样的课堂中，学生只担任了密码破译者的角色，破解了包括词义、结构、用法在内的书面语言密码，而文章的意义是老师强加给他的，并不是学生自己建构的，更不用说使用和评论文本了。

全国著名特级教师唐江澎在教授《阿房宫赋》时，则充分关注四种类型的读者角色，重点提升学生的意义建构和文本评论能力，利用名家评点集注引导学生触摸语词、体悟奥义，让学生用声音表达对千古名赋的理解，让学生建构文学意义的"阿房宫"，最终让学生在领悟文学之美的同时实现了深度学习。唐江澎老师用课例表达了他对新课标背景下因理念不清而产生的一些诸如"注重活动形式忽略文本学习""整本书或多篇课文下的浅表化学习"之类实践误区的反思。

一、在评点中触摸语词，体悟千古名赋之妙

大脑深度加工知识，是从觉知领域逐渐走向分析、综合、应用、同化等领域的步步深入的过程。如果文言文的教学仅停留在词汇积累与翻译层面，那么学习者仅仅走到了觉知领域，便无法深度加工知识，无法实现深度学习。唐江澎老师在教授《阿房宫赋》时，则凭借历代评注引导同学们分析、综合、应用，走向思维的深处。

点评批注是古人常用的读书方法，《阿房宫赋》深受人们喜爱，唐以降历代都有文人学者进行点评。唐江澎老师并不是不加筛选地把所有点评材料都推给学生，而是自己先琢磨、领悟前人的点评，从《滹南遗老集》《扪掌录》《古文观止》《文艺散论》及民国时期各版本国文课本等近20种材料中挑选出每份点评中最精彩的部分，以集评的形式编制预习材料给学生。学生可以结合集评在文字间漫步，初步感受千古名赋之妙。而在课堂上，唐老师利用名家学者的精彩点评启发学生去触摸，去体悟，去分析，去建构意义。

"当代文艺评论家霍松林先生评《阿房宫赋》前十二字时说：'起势雄健，于叙事中寓褒贬，为此后的许多文字埋下了根子，概括了无限深广的内容。''蜀山兀，阿房出'六字概括了哪些内容，至少说出两点。"开头十二字，稍不留意就匆匆略过了，而唐老师却引用霍松林先生的点评引导学生去细细分析这几个字，还利用卫星云图、引用李白的《蜀道难》和《古文观止》的点评来领着学生触摸字句，帮助学生理解这十二个字包蕴的丰富内涵。"古人评'长桥卧波，未云何龙'是'今无云，何来龙，盖故设疑辞，极言长桥之似龙也'。说说这种故设疑辞、以疑作比句的表达效果。找出课文中另一组'故设疑问作比'的句子，揣摩表达效果。"这是借用点评领着学生揣摩、分析表现

手法及其效果。

唐老师不仅带着学生读名家点评、品味字句,还引导学生学习古人点评的方法,鼓励学生试着自己去点评,在触摸、品味的基础上把自己独到的见解写下来。"'覆压三百余里,隔离天日'句'紧承出字,总写阿房宫的规模,上句言其宽,下句言其高'。""'燕、赵之收藏,韩、魏之经营,齐、楚之精英,几年几世,剽掠其人,倚叠如山'写珍宝之多。收藏、经营、精英指下文金玉等言。""为什么杜牧要构建一个'无数壮丽''可怜焦土'的阿房宫呢?认真朗读最后一段,然后学习古人评点的方法,用一个字来说明作者的根本目的。"在完成这些学习任务的时候,学生的角色已经由密码破译者、意义建构者,转变为文本评论者。而在这样的评论中,学生更深入地走进了文本,并在理性分析和感性玩味之后交流表达了所悟所得。

在品咂体味字句的基础上,唐老师仍引用霍松林先生的点评提问:"《阿房宫赋》开头十二字是怎样'为此后的许多文字埋下根子的'?"唐老师引导学生以十二字架构起整篇赋,从分析走向综合,从体味字句过渡到建立结构,由此学生的思维从微观走向了宏观,从谋篇布局的角度厘清了文章的思路,建构了文章意义。学生由此悟得:原来作者铺陈阿房宫规模之大、宫女之多、珍宝之丰,都是在写"阿房出"的雄伟,都是在写秦始皇"四海一"的伟业和功绩。

"教学多样化是成功深度学习的关键成分。"唐老师并没有被名家点评圈住思维,其使用点评之方法多样化、之妙令人击节称赏。而在这样的学习过程中,学生从觉知走向了分析、综合、应用,学生是密码破译者,更是意义建构者和文本评论者,学生在多类型任务中开启了多元思维,实现了深度学习。

二、 朗诵体验, 用声音表达自己的理解

卢梭认为:"不要给你的学生任何口头上的传授,他们应该只能从自己的体验中接受知识……我们把自己的观点给学生……事实上,我们堆加在学生头脑中的只有愚蠢和错误。"因此,美国学者格兰特·威金斯等认为,教师的

主要作用是设计正确的体验,让学生在体验中接受知识,揭示概念,探究意义。赋本身音韵优美,适合朗诵,而且朗诵也是古人的重要学习方法之一,因此唐江澎老师在课堂上为学生设计了朗诵体验。

唐江澎老师的"体悟教学理论"认为语文有三种典型学习方式,即"研习思悟式""活动体悟式""探讨启悟式"。借用点评引导学生触摸语词主要是"研习思悟式",朗诵则属于"活动体悟式"。他认为:"诵读是基于理解的声音呈现……要通过一定的策略和方法,使学生把文本与直接、间接的生活经验联系起来,对文本产生富有'个人意义'的理解,并用自认为恰当的声音形式来呈现这种理解。"因此,朗诵这一教学环节,唐老师是放在触摸语词、建构意义之后的,而且在朗诵的时候,重在引导学生用恰当的声音表达自己对文本的理解,声音的处理方法、朗诵的技巧只是辅助。

"'六王毕'是沉重的感慨,哗啦啦大厦倾塌;'四海一'可见帝王的霸气,'一'要读出扫平天下归一统的气势;'蜀山兀'有对不恤民情的愤怒;而'阿房出'要读出一座宫殿出现在地平线上、覆压三百余里的巍峨气势。""以停顿处理的方式表达视鼎如铛、视玉为石、视金为块、视珠为砾的文意,一字一顿,声腔贯通,以示巨大反差。"为了让学生能够理解并读出"四海一"的帝王霸气,唐老师引用贾谊《过秦论》文句"席卷天下,包举宇内,囊括四海,并吞八荒"来帮助学生理解,并让学生站起来辅以横扫的手势来增强朗诵的表现力。在这样的活动体悟中,学生的学习热情被空前激发,自己仿佛就是霸气十足的帝王,与文本内容情感产生强烈共鸣,达到深度学习的最深领域——同化。在这样的朗诵活动中,学生也担任了文本使用者的角色,赋体的铺陈排比、句式错落、声律谐协、讲究藻饰等特点也了然于胸了。如果说,前面的触摸、分析、综合、评论是理性的,那么朗诵则是比较感性的。在这样的感性体验中,课堂气氛空前活跃。

三、借助经典论文,探讨文本存在的意义

在触摸语词、朗诵体悟千古名赋之妙之后,唐老师带领同学们走出字里行间,把文本放到历史长河中去考量,从更宏观的角度深度探讨文本存在的

意义、作者的写作意图。唐老师借助中央美术学院郑岩教授的学术论文《阿房宫：记忆与想象》来启发学生从多个角度去解读文本。

郑岩教授从秦代的、历史学的、文学的、图像的和作为废墟的五个层次研究了阿房宫。郑岩教授的观点让同学们了解到史学上的阿房宫是"未成而亡"的，考古学中的阿房宫是未有烧灼痕迹的，而文学上的阿房宫是杜牧极尽铺陈之能事而绘出的无比壮丽却又遭"楚人一炬"的阿房宫。"杜牧构建的文学意义上的阿房宫，其全部内涵是什么？""为什么杜牧要构建一个'无数壮丽''可怜焦土'的阿房宫呢？"在引用郑岩教授的论文打开学生的思维之后，唐老师又适时地用这两个问题启发学生进行深度探讨，最终让学生看到"一种历史形象如何在人与物跨时空的对话中逐步建构起来，看到记忆与想象在这个过程中所扮演的角色如何交织，看到文学、艺术巨大的繁衍滋生能力"，最终从社会心理与文化的角度让学生领悟文本存在的意义。这一阶段，学生采用的学习方法是"探讨启悟式"。

唐老师还富有创意地为学生设计了长作业："课后请阅读郑岩《阿房宫：记忆与想象》（《美术研究》2011年03期）一文，围绕阿房宫五个层次的特征和杜牧如何建构文学阿房宫两个话题完成一篇读书笔记。要求：2000字以上；引证文献资料标明出处，注意学术规范，形式参照郑文；本学期内完成文稿，至少与两位同学分享交流并发送至指定邮箱。"这样的长作业设计，将探讨启悟活动延伸到课后，学生继续担任意义建构者和文本评论者的角色，在读写结合中、在应用领域实现深度学习。

我们在语文日常教学中，通常都是给学生布置短作业，今日学习今日作业巩固今日检查。但语文核心素养的提升确实需要一些长作业设计，需要学生在较长周期内完成有关的研创式大任务，这样才能让学生长周期、深入地去触摸文本，去阅读、研究、写作。

北京师范大学王宁教授说："老师不引导学生利用资源深度阅读、深度写作，深入梳理、深入探究，又怎能带领他们达到应思应想的新高度？"在这节示范课中，唐江澎老师引导学生借用古人的方法学习古文，让学生在触摸语词、朗诵体验、读点评写点评中深度学习千古名赋，带领学生达到了语言应用、思维发展的新高度。在强调群文阅读、整本书阅读的当下，在强调言忽视文的文言文教学潮流下，这样的根据学习任务精选多篇文章形成学习资源来帮助学生实现单篇文言文深度学习的方法，为新课标下的语文教学提供了样例。

文字·文学·文化

广西百色高级中学　黎志新

曾有人戏言："中学语文有三怕：一怕文言文，二怕写作文，三怕周树人！"这虽是调侃之语，但也道出中学师生对这三方面内容学习的害怕。文言文，时代久远，语言习惯与当下大不相同，又有不少生僻词汇。不少老师在"文"与"言"的选择上，不自觉地降低要求：疏通文意、积累字词、考试得分即可。至于文学形式要素的分析与鉴赏、文化传统的渗透和阐发等等，多半就顾不上了。

近日，我有幸聆听唐江澎老师上的《阿房宫赋》，陶醉其中，反复涵咏，品味他教学生咀嚼文字的功夫，琢磨他引领学生走进文学殿堂的途径，学习他带领学生探寻文化瑰宝的策略，收获颇丰。

一、撕下标签，教学生咀嚼玩味文字的功夫

唐代杜牧的《阿房宫赋》历来被人们视为"文赋"的开山之作，有"古来之赋，此为第一"的美誉，中学语文经过多轮教材改革，几度增删，它的地位始终"屹立不倒"。但同时又由于大家对秦始皇劳民伤财修建阿房宫的史料早有了解，对它被项羽一把大火化为焦土之传说也早有耳闻，大家阅读它时就很容易带着固有的思维，贴上标签。当唐江澎老师课堂上提出第一个问题"我们先从'蜀山兀，阿房出'这六个字读起。这六字概括了哪些内容？至少说出两点"时，学生们套板反应，几乎是不假思索就回答出"秦始皇劳民伤财"，其实，从考试的角度来说，这个答案是没有错的。但，唐老师并不顺着学生们的思路，而是提醒他们："别急着给统治者贴标签。我现在怕的是

我们语文课上净剩标签了。我们今天要做的是实实在在地分析，真正把它读透，说出自己的悟，而不是标签。"

是啊，如果语文课只剩下"套板反应"，只剩下"标签模块"，那还有什么魅力可言？

阿房宫建在咸阳，蜀山在四川，中间隔着秦岭，这说明什么？一张地图带领学生观察蜀山的位置，唐老师援引《蜀道难》妇孺皆知的句子"蜀道之难，难于上青天"，让学生体会蜀山之远，体会"兀"的含意。朗读时，这个"兀"怎么读，语气如何把握，语调如何控制，唐老师反复做示范，学生们一次一次地练习，品出修建阿房宫时用材之多、取材之广、运输之难、劳民之重的感觉！我也情不自禁地跟着练习，初步体会到了苏东坡先生"寒宵百读""咨嗟叹息"的感觉。

六王如何"毕"？要体会"哗啦啦如大厦倾"之感。四海如何"一"？要体会"一"的霸气。"霸气"？这"一"字，就一个数词，我每次诵读，张口就来，还从未考虑过它语调如何处理，语气如何把控。唐老师援引贾谊《过秦论》的文句来参照："席卷天下，包举宇内，囊括四海，并吞八荒。"配合体态语，重点琢磨"席卷""包举""囊括""并吞"的意思，再体味"四海一"之气势！引领学生"借助手指做横扫的动作"来体悟，学生们做着手势，吐着气息，将"一"字的气势坐实，声音稳而长，带出霸气。这么一玩味，感觉真的来了！

在左勾右连中揣摩、涵咏、体悟，这就是咀嚼文字的功夫！在这样的学习中，学生们也逐渐领悟了当代文艺批评家霍松林先生对开篇这十二个字的评价："起势雄健，于叙事中寓褒贬，为此后的许多文字埋下根子""概括无限深广的内容"。

唐老师的课堂，处处都是师生一起咂摸文字，诵读涵咏的精彩。

他引用古人点评"鼎铛玉石，金块珠砾"的材料，明确以停顿处理的方式表达视鼎如铛、视玉如石、视金如土块、视珠如瓦砾的文意，一字一顿，声腔贯通，以示巨大反差。回味唐老师教学生咀嚼玩味文字的过程，我想起《学记》里的一句话："虽有嘉肴，弗食不知其旨也。"是啊，佳肴就在眼前，不去品尝，如何知道它的美味呢？这篇号称天下第一的"赋"，如果不去咀嚼玩味，只是一味地识记字词句的知识点，如何知道它的好呢？

这，就是唐江澎老师语文教学中一以贯之的"体悟教学"吧。

二、旁征博引，引导学生体味文学之魅力

字在句中，句在文中，任何字词，脱离了具体的语境，都只是没有生命力的辞藻。在《阿房宫赋》中，杜牧骈散结合，行文错落有致。修辞手法上，他运用了想象、比喻、对偶、对比、夸张等多种修辞手法；表达方式上，他运用上描写、铺排、议论等多种表达方式，文韵悠长，读来让人回味无穷。唐老师在课堂上带领学生体味了杜牧"故设疑问作比"的魅力。

故设疑问作比，本没有疑问，故意设问，用疑问的方式作比喻，要表达出一惊一乍的效果。由"长桥卧波，未云何龙"这一句，到寻找这一类句子，在朗读中体味其语气，在类比中找寻其规律，文学之美之妙在琅琅书声中传递出来。而仅这一组句子的品鉴，唐老师引用到的名家评点就有：

1. 古人评："长桥卧波，未云何龙"是"今无云，何来龙，盖故设疑辞，极言长桥之似龙也"。（《高中国文》）

2. 今无云，何来龙，盖故设疑辞，极言长桥之似龙也。今非霁，何来虹？盖故设疑辞，极言复道之似虹也。（《高中国文》）

3. 更其传神。不说"长桥如龙，复道如虹"，而说"未云何龙"，"不霁何虹"不仅笔势跌宕，而且从惊叹语气中表达了对那些建筑物的观感，给客观描写涂上了浓烈的抒情色彩。（霍松林《文艺散论》）

4. 疑其星，言镜多也。疑其云，言鬟之多也。（吴楚材、吴调侯《古文观止》）

5. 水至腻，言脂之多也。香成烟雾，言香之多。（徐国英《国文读本评注》）

……

旁征博引，令人叹服。如果没有平时涉猎之广博，研究之透彻，又怎么会有这样的视野和深度？在唐老师课后的教学反思里，他这样写道："我选用集历代评注之大成的内容来展示读书方法。这里有《古文观止》的评点，有民国时期国文课本的评点，也有古人的野史笔记、当代大家学者的集萃，汇

聚了近20种材料，以厚重的学术含量展现给学生读书的基本方法。我想，如果整本书阅读演变为走马观花，那么，这种对一篇文章朝深里走的研读，似乎更符合新课标发展学科核心素养的追求。"

　　一篇流传千古的名篇，历朝历代品鉴者甚众，唐老师用其慧眼遴选，将名家评点融入课堂，引导学生欣赏体味，课堂处处是精彩，我只撷取一个片断来展示。

三、跨界研读，引领学生探究文化之厚重

　　能走出文言文"字字落实，句句弄通"的浅表化教学，带领学生走进文学的殿堂，感受千古名篇之魅力，按惯常的教学思维，这课已经完成了。但唐江澎老师并不止步于此。"阿房宫"已经不仅仅是《阿房宫赋》里的一个物象，自它诞生之日始，就注定了它有非常丰富的文化内涵。唐老师把文本拓宽，把"课时"延长，把有形的"教室"变成没有围墙的学习天地，把学生带向更广远的时空，去研究意蕴更丰富的"阿房宫"。于是，他介绍文化学者郑岩从秦代的、历史学的、文学的、图像的和作为废墟的五个层次去解读"阿房宫"的研究成果。他让学生来了一场"跨界研读"：课后阅读郑岩发表在《美术研究》2011年第3期的文章《阿房宫：记忆与想象》，围绕阿房宫五个层次的特征和杜牧如何建构文学阿房宫两个话题完成一篇读书笔记。

　　写此文前，我特意去找这篇文章来读，里面涉及文学、史学、绘画、考古诸多领域的文献资料，洋洋洒洒，万字长文，内容丰富。正如郑岩教授文章里说的那样："这些层次联系起来，可以观察到一种多维的而非线性的历史。从中我们可以看到一种历史形象如何在人与物跨时空的对话中逐步建构起来，可以看到记忆与想象在这个过程中所扮演的角色如何交织，可以看到文学、艺术巨大的繁衍滋生能力。于是，这也就成了一部关于心灵的历史。"可以想见，学生有了这一趟文化之旅，又何尝不是一次心灵的成长呢？

　　听完唐江澎老师上的《阿房宫赋》，我感觉自己也在进行一次文化之旅，在琅琅书声中，感受文字的温度，体味文学的魅力，感受文化的厚重。

　　课早已结束，但我仍意犹未尽，意犹未尽！

·课堂实录·

《周亚夫军细柳》课堂教学实录

执教：刘恩樵

师：同学们好！这节课我们来学习《周亚夫军细柳》。《周亚夫军细柳》是一篇自读课文。自读课文，顾名思义要自己读对吧？

生：（齐答）是。

师：自己读，那么，这"自己"是谁呢？

生：我们自己。

师：对喽！就是我们在座的每位同学。所以，我们拿出自己的智慧，开动脑筋。我们自己来读这篇课文，这才叫自读课文。

这节课我们做这么三件事：第一，朗读三遍；第二，考问三番。什么叫考问呢？就是以问的方式来考，可以考同学，更可以考老师；第三，研学三题。如果时间许可我们要研究三个问题。

第一环节：朗读三遍

师：进入第一个环节：朗读三遍。哪位同学先来读一读这一段？（现场越来越多的学生举手）好，请放下手。都有机会。

出示PPT：

文帝之后六年，匈奴大入边。乃以宗正刘礼为将军，军霸上；祝兹侯徐厉为将军，军棘门；以河内守亚夫为将军，军细柳，以备胡。

（生起立读）

师：读得非常好。实际上，"周亚夫军细柳"就是一个故事。《史记》里有好多故事。下面再找一位同学读读看。读的时候能有一点讲故事的味道就更好了。哪位同学试试看？

（开始无人举手……在老师的鼓励下有一两个同学举起手来）

师：经过一番小小的准备以后终于有人举起了手。

（生再读这一段）

师：有点意思。下面我们再读的时候尽量就这么读。

师：下面哪位同学读读看？无标点朗读。

出示PPT：

文帝之后六年匈奴大入边乃以宗正刘礼为将军军霸上祝兹侯徐厉为将军军棘门以河内守亚夫为将军军细柳以备胡

师：（老师对着一位同学说）你要来吗？

（学生起立）

师：好，来试试看。

（生读课文）

师：读得很不错啊。（示意学生坐下）我们一起来读好吗？文帝之后六年，读！

（生齐读）

师：很好。

出示PPT：

上自劳军。至霸上及棘门军，直驰入，将以下骑送迎。已而之细柳军，军士吏被甲，锐兵刃，彀弓弩，持满。天子先驱至，不得入。先驱曰："天子且至！"军门都尉曰："将军令曰：'军中闻将军令，不闻天子之诏。'"居无何，上至，又不得入。

师：哪位同学读读看？（让学生稍作准备）

（一生举手）

师：好，你来。

（生读 PPT 上的课文节选）

师：这是第一遍读，有点不熟，再读的时候就能流畅了。你再来读读看。其他同学一边听，一边默读。

（生读第二遍课文）

师：好。下面大家来一起读。大声读。

（师起头，生齐读）

师：现在哪位同学再来读一读？（举手示意）好，那位同学。

（生起立读文）

师：这故事讲的是什么，读着读着，就明白了。（指另一名同学）你再读一遍。

出示 PPT：

上自劳军至霸上及棘门军直驰入将以下骑送迎已而之细柳军军士吏被甲锐兵刃彀弓弩持满天子先驱至不得入先驱曰天子且至军门都尉曰将军令曰军中闻将军令不闻天子之诏居无何上至又不得入

（生读不通顺）

师：上至/又不得入。要停顿一下。

生：上至/又不得入。

师：很好。来我们一起来读。

（师起头，生齐读）

师：下面哪位同学来读一读？

出示 PPT：

于是上乃使使持节诏将军："吾欲入劳军。"亚夫乃传言开壁门。壁门士吏谓从属车骑曰："将军约，军中不得驱驰。"于是天子乃按辔徐行。至营，将军亚夫持兵揖曰："介胄之士不拜，请以军礼见。"天子为动，改容式车，使人称谢："皇帝敬劳将军。"成礼而去。

师：好，你来。

43

（生起立读文）

师：于是上乃使使持节诏将军，这一句再读一遍。

（生再读）

师：请注意下这句话——于是/上乃/使使/持节诏将军。

（生读不通顺）

师：读着读着就顺了。来！齐读。

（生齐读）

师：于是/上乃/使使/持节诏将军。读！（出示没有标点符号的课件）

（生齐读，稍乱）

师：好，读了一遍熟悉了，咱们放开声音再读一遍。

师：既出军门，读！

出示PPT：

既出军门，群臣皆惊。文帝曰："嗟呼，此真将军矣！曩者霸上、棘门军，若儿戏耳，其将固可袭而虏也。至于亚夫，可得而犯邪？"称善者久之。

师：称善者久之，这一句再读读看。

（生齐读）

师：既出军门，读！

（生齐读）

师：下面，我们把无标题的全文一起朗读一遍。

（出示无标题的全文）

（生齐读）

师：很好。同学们，文言文就要这样一而再再而三地读。读着读着，课文就熟了；读着读着，意思就能明白了。

第二环节：考问三番

出示PPT：

请你就《周亚夫军细柳》一文词句意思的理解，向刘老师或向你的同学考问考问。（考问的可以是自己理解的，更可以是自己还不理解的。）

生：第136页第三行"于是上乃使使持节诏将军"的"乃"是什么意思？

师：（问其他学生）"乃"是什么意思？

生：（其他学生答）"乃"是"于是"的意思。

师："乃"是"于是"的意思，那这句话前面的"于是"是什么意思？

生：句首的"于是"可解释为"在这个时候"。

师：你现在可以试试翻译一下这个句子吗？

生：在这个时候，皇帝于是就派使者手持符节去命令将军。

师：很好。还有哪位同学有问题？

生："既出军门，群臣皆惊"中"群臣皆惊"这句是什么意思？

师：那么，你知道"惊"是什么意思吗？

生："惊讶"的意思。

师：那"皆"是什么意思？

生："皆"的意思是"全都"。

师：那"皆惊"的意思是什么？

生：全都很惊讶。

师：那谁都很惊讶呢？"群臣"是什么意思呢？

生：所有的大臣。

师：那你现在明白这句话是什么意思了吗？

生：一群大臣都很吃惊。

师：对啊！跟随皇帝的一群大臣都很吃惊，就叫"群臣皆惊"。还有哪位同学有问题？

生："将以下骑送迎"是什么意思？

师："送"你知道是什么意思吗？

生：不是很明白。

师："送"就是你去哪里，我送送你，没有那么复杂，那"迎"你知道是什么意思吗？

生：迎接。

师：那"骑"你可不可以组词看看呢？

生：骑马。

师：将军以下的所有人听说皇帝来了，全都骑着马送他迎他。就这个意思，你试试来说一下。

生：将军以下的人听说皇帝来了全都迎接、送行他。

师：就是这个意思。还有哪位同学有问题？

生："军细柳，以备胡"中"以备胡"是什么意思？

师：你知道"胡"是什么意思吗？

生：一个国家或者一个民族。

师：差不多，古代的少数民族叫"胡"。

师：那"以备胡"就是用来防备胡人的侵略。

师：这句话前面讲了驻军，谁谁谁驻军在哪里，为什么这么安排，就因为这三个字。

生：以备胡。

师：那用现在的话来说该怎么说？

生：用来防备胡人的侵略。

生：我想问一下，最后一段"称善者久之"的"之"是什么意思？

师：哪位同学知道"久"的意思？

生：就是时间很久。

师：众人称赞周亚夫"时间很久"，那"久"字后面这个"之"还有什么意思吗？

生：这个"之"没有意思，就是在后面凑个音节，无意义，意思就是"称善者久"。用"之"凑足音节，古文中有这种习惯。

师：说得太好了。还有问题吗？

生："若儿戏耳"中的"若"是什么意思？

师：刘老师也不知道了，谁知道这个"若"是什么意思？

生：像。

师：很棒。这个同学刚才在问问题，现在都能替老师回答问题了。

师：这句话的意思是"好像儿戏一样"。还有同学有问题吗？

生："乃以宗正刘礼为将军"中"以"是什么意思？

师："乃"我们学过是"于是，就"的意思，那"刘礼"是一个人名。

"宗正"你知道是什么意思吗?

生:管皇族和外戚及亲属的官员。

师:"乃以宗正刘礼为将军"你猜猜看这个"以"是什么意思?

生:"任用"的意思。

师:很好,有的书上就是解释为"任用"。你试试翻译一下这句话。

生:于是任用刘礼为将军。

师:很好。还有哪位同学有问题?

生:我想就课文内容问一下,为什么知道汉文帝来的时候,一开始周亚夫没有露面,到最后才出来?

师:好!看来同学们已经按捺不住了,要对文章内容深入理解了,那现在我们将上面小结一下,然后解决一下这位同学的问题。

我写了一个赏评批注小短文,请看。

出示PPT:

《周亚夫军细柳》中的一词多义现象

"一词多义"是文言文中的常见现象,指的是一个词语在不同的句子里意思不一样。我们在学习文言文时要能特别做到多归纳,多整理。(简单介绍"一词多义")

《周亚夫军细柳》中"一词多义"现象比较多,现简要归纳整理如下:(总领句)(例举)

【军】①周亚夫军细柳(驻军);②上自劳军(军队);③至霸上、棘门军(军营)。

【以】①乃以宗正刘礼为将军(把);②以备胡(用来)。

【之】①已而之细柳(到);②不闻天子之诏(的);③称善者久之(助词,无实意,补充音节)。

【使】①于是上乃使使持节(第一个使,派遣);②于是上乃使使持节(第二个使,使臣)。

【为】①以河内守亚夫为将军(作为);②天子为动(被,表示被动)。

【持】①持满(拉);②于是上乃使使持节诏将军(拿)。

【骑】①将以下骑送迎(骑马);②壁门士吏谓从属车骑曰(骑马的人,

骑兵）。

只要我们坚持每学习一篇文言文都能像这样归纳整理，那么，文言文的阅读能力将得到很大提升。（总结句）

老师在这里就是举个例子，我们学习文言文，不能总是左也是做习题，右也是做习题。我们需要像这样通过写作来提升阅读文言文的能力。这样的学习才更有意义，更有效果。

第三环节： 研学三题

师：好，现在一步步接近你的问题。

出示 PPT：

请将下面这副对联补充完整，以概括本文的主要内容。

河内守□细柳营□□皇帝，

□□□称□□□称谢亚夫。

师：河内守是谁？

生：周亚夫。

师：大家根据课文内容来填写，补充对联。有知道的请举手。

师：题目叫什么？

生：周亚夫军细柳。

师：哪个同学有发现？

生：我觉得"河内守"和"细柳营"中间应该填"军"。

师：把这几个字连起来读读看。

生：河内守军细柳营。

师：那"军"是什么意思？

生："军"应该是驻扎。

师：很好。下面怎么填？

生："细柳营"和"皇帝"中间应该填"送迎"。

师：你读读看。

生：河内守军细柳营送迎皇帝。

师：大家赞同吗？

生：不赞同。

师：为什么？

生：因为前面说的是别的将军送迎皇帝，并没有说是周亚夫对皇帝送送迎迎。

师：对，有点张冠李戴了。那"皇帝"前面应该填什么呢？周亚夫在驻扎的细柳营里是怎么对待皇帝的呢？

生：我认为是"兵揖"皇帝。

师：有那么一点意思了。文章中还有更准确的词。

生：应该是"军礼"皇帝。

师：非常好，他自己纠正了，我也认为是"军礼"皇帝。那咱们一起来齐读一下。

生：河内守军细柳营军礼皇帝。

师：什么叫军礼皇帝？用军队的礼仪对待皇帝。

师：那下联应该怎么填呢？

生：我认为前三个字应该是"汉文帝"，后面应该是"真将军"。

师：你读读看。

生：汉文帝称真将军称谢亚夫。

（师出示答案，和学生说的完全一致）

师：齐读。

生：河内守军细柳营军礼皇帝，汉文帝称真将军称谢亚夫。

师：好，男生读上句，女生读下句。

（生男女分读）

师：齐读。

（生齐读）

师：同学们，这篇文章题目叫什么？

生：周亚夫军细柳。

师：你认为用这个题目概括文章所写的事情是否非常恰当呢？周亚夫确实是军细柳军的，周亚夫军细柳营中的事情可多啦，而文章中重点写的是什么呢?

生：这篇文章主要写的是周亚夫就像真将军一样，以及他和皇帝之间发生的事情。

师：重点写周亚夫一个关键性的行为，我们能看出来吗？

生：周亚夫军礼皇帝。

师：同学们，这篇文章啊，题目叫《周亚夫军细柳》，应该说不错的，但是文章重点写的是周亚夫军细柳营军礼皇帝这件事，"军礼皇帝"这件事才显示出这个将军的风范是不是？所以我觉得这篇文章题目要适当修改一下，我们这样来写也许更为准确：《周亚夫军礼皇帝》来，我们一起读一下。

生：（齐读）《周亚夫军礼皇帝》。

师：这篇文章重点写周亚夫军礼皇帝，而本文题目叫《周亚夫军细柳》，稍微显得宽泛。《周亚夫军礼皇帝》也许更为准确。同学们，我发现许多同学在写作时有一个现象，比如，一位同学写的作文题目叫《体育课》，但是，我读来读去，发现文章写的是体育课上跑步，跑着跑着，那裤子滑下来了，好尴尬哦，他就写这一件事情，题目叫什么？《体育课》。你们觉得题目和文章内容很协调吗？

生：感觉题目和文章对应得不是很好，题目太宽泛了。

师：那你觉得什么题目合适呢？

生：我觉得《跑步趣事》比较好。

师：可以呀，起码提到了"趣"嘛！是不是？还有吗？

生：《体育课上的尴尬事》。

师：很好，总比《体育课》要好。你们觉得还可以起什么题目？

生：《令我尴尬的一件事》。

师：反正比《体育课》要好，是不是？

生：是。

师：司马迁的文章写得很好，编者编写的这个题目我觉得还有点欠妥哦，还是不如司马迁，你们说呢？

生：是。

师：同学们，学到这里，又有一个启发来啦，（指屏幕：题目"周亚夫军细柳"合适吗?)我们可以把这么一个问题写成一篇赏评批注小短文。

出示PPT：

题目"周亚夫军细柳"合适吗?

(交代背景)本文选自《史记·绛侯周勃世家》，题目《周亚夫军细柳》为编者所加。(表明观点)细读选文，我觉得题目改为《周亚夫细柳营军礼皇帝》更为准确、合适些。(陈述理由)《周亚夫细柳营军礼皇帝》相对于《周亚夫军细柳》而言，这是表现人物性格特点的关键事件，更能切合本文所记述的事情，因为更为聚焦、贴切、具体。

师：同学们，我们根据刚才讨论的问题，写了这样一篇小文章，虽然只是一百来字，但是这样的批注性的小短文，是非常有价值的，我们以后可以模仿。

师：哎呀，我总是惦记这位同学的问题呀！来，这位同学读一下这个问题。

出示PPT：

文中有"匈奴大入边"与"此真将军矣"这两句话。请你谈谈对下面三个词语或者三个词语关系的理解。

"大入边"　　　　"真将军"　　　真皇帝

师：你们对这三个词语有什么理解，周亚夫为什么是"真将军"？皇帝为什么是"真皇帝"，"大入边"三字在文首有何作用？请大家自选角度说一说。

(生思考)

师：好，我们先找这位同学说一下，说着说着，我们的思路就打开了。我们认真听，一边听一边思考。

生：我想说"真皇帝"。125页第2自然段开头第一句话"上自劳军"结合文后注释，皇帝亲自去慰问劳军，可见这个皇帝是很得民心的，而且是尽责的。

师："上自劳军"，可见"真皇帝"大敌当前，亲自上阵，安稳军心，视察军情。这皇帝不简单呐，是吧？

生：是。

师：这位同学说得非常好。

生：我想补充一下"真皇帝"。从文章可以看出，皇帝进入周亚夫的军营是很不容易的，三番五次被阻拦，他非但没有生气，还称赞周亚夫是"真将军"。这个皇帝不摆架子。

师：很好，这位同学从另外一个角度来思考的。我再请一个同学总结一下这位同学的观点。

生：皇帝到周亚夫的军营中，皇帝遵守周亚夫军营中的规定，本来军营中是不让骑马的，皇帝遵守军营规定没有骑马，并称赞周亚夫军中纪律严格，是"真将军"。（师点头）由此也可以说明，皇帝也是真皇帝。

师：这位同学总结得很好。面对周亚夫的严明的军纪，皇帝一步一步地照做，并且称赞周亚夫为"真将军"。这是一位真皇帝，了不起（竖起大拇指）。如果皇帝是这样想的，我是皇帝，竟然对我如此无礼，左一次不让进，右一次不让进。于是什么后果都会出现，比如革职等等。但是皇帝有没有那样做呢？没有。这是一位深明大义的皇帝。这两位同学思考的是"真皇帝"，其他同学还有别的思考吗？

生：我想说"大入边"。我先解释一下这个词语的意思，这句话的意思是"大规模入侵边境"，体现了当时匈奴入侵，很危险。

师："大入边"大规模入侵边境，这还能说明什么呢？我们思考一下，再完善一下答案。

生："大入边"也是可以从"真将军"方面凸显出的，正因为当时入侵的敌兵很多，所以才会派很厉害的将军去阻挡。所以"大入边"也可以从侧面凸显出形势是非常危急的。

师：好，这位同学举手需要补充什么。

生：我觉得从"曩者霸上、棘门军，若儿戏耳，其将固可袭而虏也"可以看出当时事态非常的危急，其他两位将军的做法很有可能导致被匈奴抓去成为俘虏，由此也能看出匈奴大规模入侵，情境危急。

师：这样的危急的情境，而周亚夫却能尽职尽责坚守军营。还有同学需要补充吗？

生：我想说的是"真将军"，从"已而之细柳军，军士吏被甲，锐兵刃，彀弓弩，持满"这段可以看出周亚夫细柳军队，军纪非常严明，准备也十分充足,准备好时刻攻击敌人,也说明了周亚夫十分的恪守职责,以及后面的"介胄之士不拜,请以军礼件",从中可以看出周亚夫的性格非常刚正不阿,和"至霸上棘门军,直驰入,将以下骑送迎"做对比,周亚夫细柳军军纪严明。

师:同学们谈得都非常好。大家的意见综合起来,形成了对这三个词语的理解。那么,这样就可以写这么一篇小短文。

出示PPT:

"真将军"、真皇帝与"大入边"

(评价"真将军")周亚夫军细柳营军礼汉文帝,汉文帝不但没有加罪于他,反而称谢"此真将军矣",这是因为,周亚夫临危出征,治军严明,刚正不阿,不可能"得而犯",他尽了一位驻守边境的将军的职责;(过渡句)如果说周亚夫是"真将军",那么也可以说汉文帝是"真皇帝"。(评价"真皇帝")他在国难当头之时,"上自劳军",而且当他至细柳营几次"不得入"且周亚夫"不拜"之时,他竟还能"改容式车""使人称谢",说周亚夫"此真将军矣",可谓深明大义。当然,汉文帝"至霸上及棘门军",面对"直驰入"以及"将以下骑送迎",却未能严肃训诫,作为皇帝这也是有过错的。(评析"大入边")文首"匈奴大入边"一句,看似简单交代背景,却对表现周亚夫与汉文帝的品格有着重要的衬托作用,正因为"匈奴大入边",方显将军本色与皇帝韬略。

师:下面我找一个同学来读一下。(师指名同学)

(生读)

师:如果我们做了一番思考,一番讨论之后,再用自己的笔写成这样一段一二百字的小文章,那么,这种学习就是深度学习了。好,那么第三个问题,留给同学们去思考吧。这篇小故事写得非常好,我们可以从中跟着司马迁学叙事学写作,你也可以试着写一篇这样的小文章。

出示PPT:

跟着司马迁学写作

读了《周亚夫军细柳》,我才对鲁迅评价《史记》"无韵之离骚"这句话有了些理解。我们真的可以跟着司马迁学写作。

读《史记》,学写作。此写作之"真方法"矣。

师:同学们,这就是这篇小文章的框架,我们可以从阅读《史记》中的100个故事开始,走进《史记》。

师:好了,同学们,下课。

生:(起立)老师再见。(鞠躬)

师:同学们再见。

《做语文教学的建设者——全语文教育的思考与实践》讲座实录

刘恩樵

老师们，下午好！作为一线的语文教师，我有一个基本的立场，就是"做语文教学的建设者"。对于当下的语文教学，只要你想批评，那时时处处都有可批评的。那么，光批评有用吗？重要的是需要有人去建设。多年的语文教学实践，我渐渐地形成了自己对语文教学的看法，也形成了一套教语文的方式方法，这就是"全语文教育"。接下来的一个多小时里，我就与在座的各位同仁谈谈我所思考与实践的"全语文教育"。

在社会经济日益强盛的现代社会，在越来越重视中国优秀传统文化传承的今天，语文学科越来越显示出其重要地位与意义。"得语文者得中（高）考"，其实，高瞻远瞩一点地说，应该是"得语文者得明天"，语文关乎人的未来发展与精神成长。结合自己多年的语文教学实践，我提出了全语文教育的主张，重素养、重实践、重自主、重开放，改变只重教材、只重课堂、只重分数的现象，以提升学生的品德修养、审美情趣、个性人格为目标，构建启迪智慧、滋养性情的语文教学框架，让语文教学饱满润泽起来。"全语文教育"的要义，概括起来就是"一个核心，三个建设点"。

一、全语文教育的"一个核心"

全语文教育的"一个核心"就是，让语文学习活起来、动起来，提升学生运用语言文字的能力，提升学生的语文核心素养，让每一名学生过上幸福而完整的语文学习生活，用语文为生命与精神的成长打底与奠基，以语文学科的特殊优势，实现立德树人的根本任务。

全语文教育的出发点在于以问题为导向，针对当下语文教学存在的诸多弊端，以"教学即教育"为基本原则，围绕立德树人根本任务，提升学生的语文学科核心素养，将学校作为语文学科课程建设的基地，以课程研发与实施的形式落实"培养全面发展的人"的教育理念，实现教学方式的改变和育人模式的转型。

全语文教育着眼于学生人文底蕴与语文综合素养的全面发展，着眼于学生语文听说读写思能力的全面提升，着重于国家语文课程、地方语文课程与校本语文课程的全面优化。具体来说，重点突出如下基本理念：一是实践"全人教育"。"全人教育"理论是在人本主义学习观的基础上形成并发展起来的，是根植于其自然人性论的基础之上的。罗杰斯作为人本主义教学理论的代表人物，他指出："全人教育即以促进学生认知素质、情意素质全面发展和自我实现为教学目标的教育。"2016年9月，中国学生发展核心素养研究成果发布。中国学生发展核心素养以培养"全面发展的人"为核心，分为文化基础、自主发展、社会参与三个方面，综合表现为人文底蕴、科学精神、学会学习、健康生活、责任担当、实践创新等六大素养，具体细化为国家认同等十八个基本要点。二是实践"全域语文"。《义务教育语文课程标准（2011版）》中所规定的语文课程领域（内容），包含阅读、写作、口语交际、识字与写字、综合性实践五个方面的课程领域，而不是当下单一的语文教学。三是面向"全体学生"。课程的目标是让学生受益，而且是全体学生受益。全语文教育让全体学生参与，而不是少部分学生参与。面向"全体"是全语文教育的基本原则。四是落实"全程成长"。全语文教育着眼于面向学生未来的可持续发展与成长，旨在通过语文课程的实施，让学生在初中毕业进入高中以及大学,乃至走上社会,始终能对语文保持热情并具有一定的能力。五是"全科融合"。注重语文学习与其他各门学科的融合,既发挥好语文作为工具性的作用,又能让其他各学科的学习以语文的方式得到活泼生动的呈现。

二、全语文教育的"三个建设点"

全语文教育的"三个建设点":一是创设语文学习文化环境;二是构筑语文学习基础工程;三是开发语文学习名特产品。

1. 创设语文学习文化环境。

一是塑造语文学习的硬件环境。一方面对教室内外以及校园的公共场所进行"语文式"布置,让学生足之所至、目之所及,都能看到语文的内容。另一方面是依托学校图书馆,设立各班级图书馆分馆,优化与拓展学校图书馆的新功能,将图书馆作为学生语文学习实验室。研究学生读写能力提升与发展的规律。以图书馆建设为抓手,整合学生语文学习的读写实践。将学校图书馆塑造成学生阅读馆与学生写作馆,同时,创置多种语文学习场馆,形成学生的"语文学习综合实验室"。二是打造语文学习文化软环境。通过校园内的图书馆建设、书香长廊、快乐阅吧、文学墙角、小小百家讲坛、语文杂志等形式,建设具有浓厚气息的语文外显文化环境。同时,开展校园语文节、青春剧场、语文电台、朗诵者等活动,创办语文报刊等,努力打造语文学习的软环境。三是营造语文学习文化的人际环境。再好的主张与构想都需要人来实现,全语文教育特别重视作为语文教师的人的因素的优化,激发校内外、区域内外更多的语文教师对语文教学研究与实践的激情,形成全语文教育研究的优秀团队,努力做语文教学的建设者。

2. 构筑语文学习基础工程。

第一,研究语文学习的"一课堂"策略。切实改变学生以听与记为主的课堂,力求让"积累、思考与表达"成为课堂的主要设计追求,让语文课堂活、实、灵起来,让课堂成为学生语文学习的"一",举一反三,以语文学习之"道",生课堂能力之"一",从而一生二,二生三,三生诸能。

"一课堂"策略重在改变学生在课堂上只管听讲、只顾记录的学习状态,重在突出思考的重要性。"思"的要义是以思统领听说读写，即通过具体的课堂活动，让学生在课堂上以"思"为总开关，切实落实听、说、读、写的能力训练。

"一课堂"的课堂操作重在突出思考，其教学操作要点大致如下：首要环节是充分地诵读课文。不管是现代文，还是文言文，或者是古诗词，在进入理解性学习之前一定做到充分地读，不读熟不进入理解性阅读的环节。所谓"充分地读"，一是表现在读的遍数上，一般都要读到三到五遍，文言诗文还要再多些。二是读的方式多样，努力做到不单一。对于读课文，笔者的基本观点是，读的过程就是理解的过程，也是教与学的过程。在学生对文本熟读的基础上，进入下面的四个大致板块。一是"我有发现要说"。学生读熟了文本，首先做的第一件事是自我发现，即发现文章中哪些是自己能够理解的，并将这些发现写在"我的发现本"上。"我的发现本"就是对"课堂笔记本"的改造。学生写好了"我的发现"后在教师的组织下在全班交流，教师进行点拨引导。二是"我有问题要提"。说了"我能够懂的"，再进入讨论"我读不懂的"，即"我有问题要提"，学生自由写下并说出自己的问题，然后教师组织全班同学讨论解决这些不懂的问题。三是"我有感想要写"。每学习一篇课文，学生都要写一篇"一课一得"的感想文章，写作的角度自选，或从内容方面入手，或从写法方面入手，选点宜"小"，感想要"真"，写法要"实"，每篇读后感近似于微写作，三五百字即可。四是"我有创写要做"。每一篇选入教材的课文，都有其可圈可点、可效可仿之处，学一篇课文不仅仅是学"这一篇"，更是要学"这一类"。因此，根据所学课文的特点引导学生进行个性化的创意写作，或效立意主旨，或仿篇章结构，或学取材剪裁，或摹语言特色等等，以课文的整体或局部为"帖"，创写自己的文章或片段。"四要"的课堂在彰显学生主体的前提下，凸显了"思"的作用，以"思"引领听说读写的训练，引导学生朝着深度学习的方向延伸。

第二，设计学生"大阅读"路径。借鉴当下全国各地对学生阅读研究的经验，改变只学一本教材的语文，在"大"字上做文章，研制本校初一至初三学生阅读书系，研究阅读引导的方法，语文教师全员参与，开发各年级整本书阅读指导课程，完善学生阅读的评价与激励机制。"大阅读"的策略在于改变只读一本教材的语文现状。"大阅读"的"大"有三层含义：一是阅读要广，在以文学类书籍为主的基础上，要广泛涉猎人文书籍，包括历史、科学、艺术类的书籍。二是阅读要多。语文学习早就应该摒弃只学语文教科书的现象。我们要尽量地挤出时间，每学期多读几本书，三本、五本、十本，甚至几十本。三是阅读要精。就是在阅读过程中要做用心人，要带着思考的脑子、带着赏析的眼光、带着动笔的习惯来读，在自己阅读的书中，每学期选择一两本读得精些细些。

第三，探索学生"日写作"机制。"日写作"改变了以"日习题"为主要策略的语文，将写作活动贯穿于学生的日常生活之中，探索"日写作"的载体、时空、策略、途径以及方法等，研制指导学生日写作的课程纲目。"日写作"的策略旨在改变只做大量习题的语文现状。"日写作"中的"日"第一层含义是坚持。作为一种特殊的技能，写作是需要坚持的，没有勤奋的支撑，没有坚持的支撑，是很难产生写作的动力最终形成写作能力的。第二层含义是积累。一是时间的积累，要让学生有充足的练习写作的时间总量。在初一至初三6个学期中，不间断地要求每周写随笔，即使是寒暑假也不例外。二是写作字数总量的积累。有了时间的保证，学生的写作总量自然得到保证。没有量的积累很难实现质的变化。三是思想与情感的积累。日写作的过程说到底就是让学生的精神世界丰富起来的过程。以不断的写作提升学生的思想与情感。四是"写作感"的积累，经常性的写作无疑能让学生对遣词造句、谋篇布局、立意角度等等形成一定的感觉，而这种感觉胜过所谓的作文技法的僵硬指导。第三层含义是成长。日写作的经历就是学生精神成长的经历。总之，"日写作"旨在让学生养成写作的习惯，培养写作的兴趣，更是激活写作思维，丰富思想认识，最终让写作成为自己的一种生活方式，陪伴一生。

第四，研发语文学习"微课程"。研发语文学习"微课程"重在改变只有第一课堂的语文。充分利用网络新媒体的功能，发挥教师与学生双重积极性，以研发语文微课程的理念，开发适合不同年级学生学习的语文微课程，以此作为国家与地方语文课程的有效补充，形成校本的语文课程特色体系，活化语文的教与学。

在改造语文教学的过程中，特别注重通过组织语文性的微活动，且将微活动上升到微课程的层面,以丰富学生的语文经历,带动学生的阅读与写作,并且唤起学生语文的热情,更主要的是在活动中提升语文素养。"微课程"的"微"重在突出小主题、小体系、小活动,以更多的"小"累计起"大"来。我们所实践的语文微课程的基本类型包括讲授微课程、共学微课程、独做微课程与共做微课程四种。"讲授微课程"主要是由教师"开讲座";"共学微课程"注重学生的参与性以及活动的程序化,教师按照微课程组织的程序引导学生学习;"独做微课程"是指学生自己独立开发的微课程;"共做微课程"是指小组合作完成的微课程。

在微课程的内容方面,笔者根据学校与地方的实际情况,开发了"昆山三贤(顾炎武、归震川、朱柏庐)微课程""传统文化(对联、谜语、汉字、成语、歇后语及民间语文、地名文化、二十四节气等)微课程"以及"夏驾文创微课程"等。

3. 开发语文学习名特产品。

全语文教育结合语文学科的特点以及学生学习的特点,整合多学科课程改革的经验,开发诸多的语文学习有影响、特色化的产品。

新华书店校园书屋。我们与昆山新华书店合作,将新华书店引进校园,创办校园书屋,保持充足的图书量,面向学生开放,教师负责指导,由学生负责管理。让"新华书店 | 校园书屋"成为学生选书、购书、读书的温馨场所。

校园语文节。每年秋学期举行一届"校园语文节",开展丰富多彩的语文学习实践活动。每届为期一周。

尔雅书院。在图书馆与语文实验室的基础上创建尔雅书院,创新图书馆的工作,充分发挥图书馆的职能,引导学生读书。

东城教育大讲坛。大讲坛分学生大讲坛、教师大讲坛、专家(含家长)大讲坛三种类型,一方面把学生推上讲台,以讲促读、促写;另一方面,让学生能够聆听窗外声音,提升学生的人文素养。

东城小剧场。组织部分有兴趣有特长的学生,将一些适合演出的课文改编成课本剧本,然后排演成课本剧。东城小剧场还是学生朗读、讲演、辩论的地方。

尔雅国学馆。定期组织学生进行传统文化诗文的诵读、讲习等，同时，作为学生书法练习的场所。

学生语文学习私人定制。根据多元智能的理论，针对不同学生语文学习的特长，针对性地为学生进行"私人定制式"指导，促进有语文学习个性特长学生更好地"扬长"。

东城研学。每年寒暑假，选择有文化底蕴的城市或景区组织学生进行研学活动。研学活动做到有研学小教材，有研学笔记，有研学导游，有研学成果展示等。

学生语文学习协会。根据学生语文学习的不同兴趣倾向，成立学生不同的语文学习协会，让学生自愿报名参与，在教师指导下由学生负责管理，定期开展各种活动。

《第一语文》杂志。创办《第一语文》杂志，每月一期，全面展示区域内学校语文学科建设的动态，探讨语文学科建设的方法、途径等，交流相关经验，同时，刊登学生优秀语文学习作品。

"第一语文"广播。成立学生播音组，开办"第一语文"校园广播，及时播报学校动态、学生作品等。

尔雅文学院。成立尔雅文学院，按照学生社团管理的方式进行管理，培养学生文学爱好者，在常规文学教育的基础上，以此来为学生当中的文学爱好者搭建文学教育的平台。

多学科融创。进行语文学科与学校其他诸多学科的融合，一方面提高学生运用语言文字的能力，另一方面让学生深化学科学习。我们将首先尝试"学科作文写作"的项目，从而寻求语文学科与其他学科的深度融合。

学生语文学习作品。创新学生语文作业机制，努力让学生在语文学习的过程中，提升作业品质，能够带有创造性地完成作业，从而让学生的语文作业成为语文作品。提倡作品的品质化、丰富性以及独创性，为学生语文作品的展示提供平台。

语文学习档案袋。以语文学习档案袋的方式，改善对学生语文学习的评价方式，建立全新的语文学习评价机制，发挥评价的积极导向功能。

全语文教育旨在通过"一个核心，三个建设点"的建构与实践，让语文课程标准切实地走到学校里，走进教室里，且与每一位学生真切地相遇，从而真正发挥课程标准的指导作用，为促进语文学科的建设与学生语文素养的提升摸索出一条切实可行的路子来。

谢谢大家！

· 听课回响 ·

赏"亚夫真将军"形象，做"全语文教育"实践

安徽省合肥市第三十八中学　刘　军

十月的济南秋意正浓。落叶缤纷时节，相约泉城，"第十一届名家人文教育高端论坛暨名师课堂研讨会"如约拉开帷幕。10月17日，有幸聆听了刘恩樵老师执教的《周亚夫军细柳》，读出了一位"真将军"形象，体验了一堂"真语文"课，认识了一位"全语文教育"的师者。

《周亚夫军细柳》选自《史记·绛侯周勃世家》，讲的是汉文帝到周亚夫细柳军营慰问军士的故事，重点刻画了周亚夫这位"真将军"的形象。这篇课文是部编版八年级教材的一篇学生自读文章，文章故事性较强，对于八年级学生而言，文意理解不会有太大障碍。难点在于这篇文章作为自读篇目，教学上怎样与教读篇目有所区别？同时，如何带领学生体会太史公的生花妙笔和春秋笔法，感受真将军周亚夫之"真"？

这节课，刘恩樵老师的构思看似简单却十分巧妙，他从朗读三遍、考问三番、研学三题三个环节完成了本节课的教学，真正实现了面向全体学生且以学生为主体、教师为"导演"的新课标标准的课堂教学理念。

一、朗读三遍，指导学生读出文言文的味道

学习文言文非诵读不可，核心就是一个字——"读"。以读为主，读中感

悟。整堂课的教学设计就是以"读"为切入点，带着学生读透文本，读懂人物。简单的开场过后，刘老师就直接进入了主题：诵读课文。本节课设计了多处诵读的环节，朗读贯穿课堂始终，做到以读促悟、读悟结合。刚开始分小节请学生朗读，一读读准字音，读通句子；二读读出讲故事的味道；三读去掉了标点，分段再让学生齐读。以不同形式的文本呈现，先是常规的文章，后来去掉句读，再后来变成繁体……刚开始学生读起来自然较为艰难，可这个提升的过程很可贵。朗读形式上也多样变化，小组读，个人读，全班齐读，生生对读，师生对读，这样反复地诵读，学生读着读着就顺了，读着读着就懂了。没有复杂的环节，没有花样的教法，朗读出了文言文的味道，学习目标就这样举重若轻地完成了。

二、考问三番，教会学生翻译文言文的方法

教学的第二环节，刘老师引用了叶圣陶先生的话"读书读一遍未必够，而且大多是不够的，于是读第二遍第三遍。读过几遍之后，若还有若干地方不明白不了解，就得做翻查参考的工夫"。文本是教学之根，也是教学之源。整堂课刘老师充分利用了文本资源，从各种角度解构文章，由易到难。文章篇幅较长并且生词和一词多义较多，对八年级的学生来说是一大挑战。特级教师黄厚江老师说："我们要用语文的方法教语文，用文言文的方法教文言。"刘老师紧紧把握了自读课文以及文言文的特点，放手给学生，先从字词开始，让学生理解文中难懂的字词句，然后让学生借助课下注释就自己对于文章词句意思的理解，向老师或者同学考问，充分发挥了语文课堂的个性化和生成性。

这个教学环节中，学生先开始的提问比较拘谨，在刘老师温和的引导下，学生的问题渐渐多了起来。例如，"群臣皆惊"是什么意思？"将以下骑送迎"是什么意思？"军细柳以备胡"中"以备胡"是什么意思？"称善者久之"中的"之"是什么意思……针对这些问题的提出，刘老师没有及时给予解答，而是引导学生自己揣摩、"猜猜"意思、其他同学回答，基本上由学生自己解决了各自的问题。课堂上没有多余的话，也没有无效的提问，有的是各种引

导式提问，探究式提问。这个环节结束，刘老师用《〈周亚夫军细柳〉中的一词多义现象》为标题，给学生做了一个"赏评批注短文"的例子，告知学生以"简单介绍一词多义""总领句""例举""总结句"四个方面写赏评批注短文，从而教给了学生赏评批注短文的方法，养成归纳和整理文言文的习惯，促使学生的思维层次向更高处发展。

三、研学三题，引导学生理解文言文的内容

研学部分，刘老师首先巧妙地借助了对联形式抛出问题，让学生根据对文章的理解补充空白处以概括本文内容。上联：河内守_____细柳营_____皇帝；下联：_____称_____称谢亚夫。给学生充分的时间思考，引导学生思考、小结，最终师生合作，生生合作，完成了对联的填空：河内守军细柳营军礼皇帝，汉文帝称真将军称谢亚夫。这样，学生既理解了文章的内容，又提高了概括能力，还对对联知识有了一定的了解。接下来的思考：本文由编者加的《周亚夫军细柳》这个题目，你认为恰当吗？又把学生的思维引入深处，经过师生探究，根据文章内容所写重点，文章的题目改为《周亚夫军礼皇帝》更为合适些。这不正是"学贵有疑"在此环节的教学中得到充分的体现吗？接着，教师又呈现了一篇"赏评批注短文"《题目"周亚夫军细柳"合适吗？》，指导学生从"交代背景""表明观点""陈述理由"三个方面写赏评批注。刘老师还适时指导学生，写作文时拟定作文题目要紧扣作文内容。读思结合，读写并举，赏析批注，刘老师"全语文教育"教学实践在此教学环节突出得尤为明显。

第二个主问题是让学生谈谈对"大入边""真将军""真皇帝"这三个词语或者三个词语之间关系的理解。刘老师知识广博，学养丰厚，在紧扣文本之后，为了让学生在更为广阔的语文天地里驰骋，又跳出课本给学生搭建梯子，请学生畅谈自己对"大入边""真将军""真皇帝"的理解。教师第三次出示"赏评批注短文"示范，以《"真将军"、真皇帝与"大入边"》为题目，从"评价真将军""过渡句""评价真皇帝""评析大入边"四个方面，写赏评批注短文，用读、赏、写结合的方法再次品读文章，感知人物形象。课堂上

教师的引导语言如涓涓细流，慢慢流淌到学生的心里，学生也如感受到泉水的甘甜。一读一评一写之中，师生互动活跃，既调动了学生的兴趣，也达到总结此课的目的，更是践行了刘老师"全语文教育"的教学理念，教师真正是"做语文教学的建设者"。

第三个主问题，刘老师以鲁迅的"史家之绝唱，无韵之离骚"引出"跟着司马迁学叙事"，要求学生谈谈本文在写法上有哪些可以学习借鉴的写作经验。然后出示了第四个让学生完成的"赏评批注短文"《跟着司马迁学写作》，并给了开头一段和最后一段："读了《周亚夫军细柳》，我才对鲁迅评价《史记》'无韵之离骚'这句话有了些了解。我们真的可以跟着司马迁学写作……读《史记》，学写作。此写作之真方法矣。"学以致用，才是教学的目的。此教学环节的安排就是让学生根据前面三次"赏评批注短文"写作示范，达到自己学以致用的目标。

结课前，教师推荐阅读《史记》，引领学生深层感悟《史记》的文化色彩，了解作者生平事迹，感受《史记》的写人艺术，品悟历史人物的真性情。教师在文本之外激发学生对《史记》的兴趣。这不仅对提高学生的阅读文言文能力大有裨益，同时也能促进学生写作能力的提升。

刘老师的教学内容安排由浅入深，由易到难，循序渐进，新知识的呈现巧妙自然，有逻辑性，一环紧扣一环，注重用传统的方法教文言文，同时给学生提供了广阔的探究活动空间，可谓言有尽而意无穷。尤其是教学环节的设计，多次示范"赏评批注短文"，不仅践行新课程教学理念，还实现了其"全语文教学"的教学观。

走向全语文教育，点亮指路明灯

山东省聊城市教育和体育局　张　婧

有幸在"第十一届名家人文教育高端论坛暨名师课堂研讨会"上听了刘恩樵老师的语文课《周亚夫细柳军》和讲座《全语文教育的实践与思考》，心底不由得涌起感动和钦佩。感动于刘老师躬耕于语文教育的执着，感动于刘老师课堂上学生学习的投入，钦佩于刘老师的热情和敢于创新的精神。正如他在讲座中讲到的"世上没有不吃苦就能做成的事情"。刘恩樵老师的坚持不懈使他就如语文教坛上的常青树，而他的全语文教育又如语文教坛的指路灯，照亮的不仅是语文教育的改革之路，也照亮了语文教师的成长之路，更照亮了学生语文学习之路。

一、读议课堂点亮学生的思维

刘恩樵老师执教的是《周亚夫军细柳》一课。这篇选自《史记》的文言短文，展现在刘老师的课堂上，别有一番味道。课堂一开始，刘老师引导学生"朗读三遍"，分段读，带标点读，去标点读，打开课本通读，呈现课件再读，一遍一遍的朗读过后，学生熟知了课文大意。接下来是"考问三番"环节，刘老师让学生就课文词句意思向老师考问，刘老师或直接或间接地回答学生的疑问，闲庭信步般把学生带入学习的佳境。由一开始的浅层提问，渐渐地有了深度的思考，学生思维也活跃起来。当看到学生越来越多地举起手时，刘老师由衷称赞孩子，我在心底则由衷地赞叹他的教学智慧！师生互动呈现孩子们思考的深入，学生对课文含义的理解自然加深。更值得称赞的是第三个环节——"研学三题"。这一环节呈现的是孩子们的深入思考和深度参与。刘老师给出的三个问题把全文串联起来，把学生的思考带进文本深处。精彩的课堂交流之后，学生感受到了周亚夫将军的治军严谨，也理解"大入边""真将军""真皇帝"三者之间的关系。刘老师在这个过程中"授之以渔"，教给学生以赏析批注短文的形式学习文言文。整个过程自然流畅，不着痕迹，真是大道至简，水到渠成。

课后，我查阅了刘恩樵老师的其他课例，发现他的课堂真是精彩纷呈，比如以十读来学习《与朱元思书》，口诵心惟，让学生将文言文学得妙趣横生。在刘老师撰写的《轻轻巧巧教文言——以〈与朱元思书〉的教学为例》一文中，他认为"轻松而灵巧地设计'诵读''亲睹''发现'三个环节，将教学的重点落在文言语感的积累上，让学生将文言文学得有声有色，有滋有味，有趣有料"。在他的课堂上，语言是思维的外壳，学生在课堂中是深度参与的，思维也是绽放着光彩的。

二、全语文教育打造师生完整幸福语文生活

第一次听到刘恩樵老师的"全语文教育"，看到全语文教育课程建构模型图（一个中心，三个基本点）时，眼前一亮，这不就是我一直苦苦追寻的师生语文生活吗？完整而幸福！这背后是刘老师躬耕的身影，钦佩、仰慕之情油然而生。

全语文教育紧盯语文教育中的四大问题——只重教材：教材成了语文教学的全部依托；只重课堂：课堂成了语文教学的唯一场所；只重阅读教学：阅读教学成了语文教学的主打内容；只重分数：分数成了语文教学的单一追求。力图实现全人教育、全域语文、全体学生、全程发展，语文，为学生生命与精神的成长奠基。

在语文教育的田野上，刘老师躬身耕耘，在语文被剥离得只剩下分数时，他守着语文学习的本真，坚持让学生多读些书，少学教材；多写随笔，少做练习；学生多说，教师少说；活动多点，考试少点。在他的坚持下，大阅读丰厚了学生的人生；日写作为学生进行着大量的写作经验积累、思想与情感积累、写作情感积累，唤醒了他们的言语表现力，实现了精神的成长；微课程虽"微"却"著"，以它的灵活、丰富为语文学习涂上了温暖的色彩。教室里的"图书馆"，滋养了孩子们的精神世界；一溜排开的作品晒出的不仅是孩子们温润的文字，还有他们抒写的梦想；那些"产品"闪耀的是孩子的智慧。

钦佩刘老师脚踏实地的改革精神，他的课堂他做主，课程表中的六节课经过他的设计，变得富有生机。四节读议课，一节活动课、一节阅读课，早读的经典诵读，晚间的写作，周末的时间活动，给了学生阅读时间，每学期共读一两本书，上三两节读书指导课，开多场读书报告会……时间没变，作业少了，内容厚了，学得带劲了，形式丰富了，这才是实实在在地为学生发展着想，这才是实实在在的教学研究！每周五篇随笔，日日批阅、篇篇批阅、人人批阅！听着那亲切略显激昂的声音，我仿佛看到了办公桌前埋头批阅学

生作品的他，看到了学生活动中指点、激励孩子的他，看到了电脑前精心备课的他……

这样的刘恩樵老师，这样的课堂，这样的全语文教育，不由得让我们肃然起敬、心神向往！潜心研究，大胆实践，全心为了学生发展，埋首耕耘，一路辛苦但也一路芬芳。让我们举着这盏明灯，去享受语文教育的幸福生活！

·课堂实录·

《我为什么而活着》课堂教学实录

执教：崔丽梅

师：同学们好，上课！

生：老师好！

师：请坐。同学们，这节课我们学习罗素的《我为什么而活着》。同学们首先来了解一下罗素。

（屏显）

作者介绍

罗素（1872—1970），哲学家、数学家、作家，1950年获诺贝尔文学奖，同时还是著名的社会活动家和自由斗士，奋起反对侵略战争，主张和平。

（生读）

师：声音非常洪亮！这篇文章的文体知识，大家一起朗读。

（屏显）

文体知识

哲理散文，一种散文体裁，披露思想历程，讲述人生感悟，传达着真诚与睿智，给人以思想的启迪。

（生读）

师：请大家翻开课本的 82 页，看到阅读提示的第 1 段。大家把这一段文字画下来。哲理散文又叫做议论性散文，它既像议论文一样，有着鲜明的观点和清晰的思路；又像散文，有着充沛的情感和优美的表达。这篇文章的生字生词，我们一起来读一读。

（屏显）

知识卡片 1

遏（è）制　　飓（jù）风　　肆（sì）意　　濒（bīn）临

震颤（chàn）　　俯瞰（kàn）　　云霄（xiāo）　　呼号（háo）

（生读）

师：需要注意几个多音字。比如：颤（chàn）还有一个读音，寒颤（zhàn）。号（háo），还有一个读音，口号（hào）。我们读一读这些注释。

（屏显）

知识卡片 2

遏制：用力控制（某种感情）。

肆意：不顾一切由着自己的性子。

濒临：紧接，临近。

俯瞰：俯视。

（生读）

师：这节课自读活动有三个：篇的通读、段的细读和句的品读。罗素活了 98 岁，当他 95 岁的时候，完成了《罗素自传》。这篇文章就是《罗素自传》的序言。所以我们在读书的时候要读出舒缓、深沉的语气。"对爱情的渴望，对知识的追求，对人类苦难不可遏制的同情。这三种纯洁而无比强烈的感情支配着我的一生。"同学们各自大声朗读课文。

（屏显）

自读活动

活动一：篇的通读

活动二：段的细读

活动三：句的品读

（生读）

师：现在我们开始第一个自读活动——篇的通读。请同学们拿起笔，迅速浏览文章，画出表现文章内容的关键句，然后来完成思路的概说。比如说，文章开篇点题，概括作者的三大追求。那么接着呢？最后呢？好，开始读。

（屏显）

活动一：篇的通读

方法：画出关键句

概说：

首先开篇点题，概括作者三大追求；

接着_____；

最后_____。

师：先读一读你画出来的关键句，然后再说。

生：第2段"我寻求爱情"，第3段"我以同样的热情寻求知识"，第4段"痛苦的呼号在我心中回荡"，这是对人类苦难不可遏制的同情。最后作者用一句话"这就是我的一生，我觉得活着值得"，总结了作者的一生。

师：很好，哪位同学再来读一读？

生："我寻求爱情""我以同样的热情寻求知识。我希望了解人类的心灵。我希望知道星辰为什么会闪闪发光，我试图理解……""痛苦的呼号在我心中回荡"。

师：第3段可以再凝练一点，直接选择"我以同样的热情寻求知识"就可以。能说说你的思路吗？

生：开篇点题，接着写了为什么要追求这三样，最后写出此生无憾，总结全文。

生：第1段首先引出了自己的三大追求。第一就是对爱情的渴望，第二是对知识的追求，第三是对人类苦难不可遏制的同情。第1自然段是文章的总。第2、3、4自然段是文章的分，对第1段分开展述。最后一个自然段就是总结段，总结自己的一生。文章是总分总的结构。

师：你看出了全文清晰的思路，而且表述也非常明白。接下来我们总结一下，同学们一起来读。

（屏显）

活动一：篇的通读

首先开篇点题，概括追求；

接着总分照应，分别阐释；

最后议论抒情，收束全文。

（生读）

师：同学们把这些关键的词语批注在书中。

师：我们可以说这篇文章的特点是开篇点题，总分照应。

（板书：开篇点题，总分照应）

师：我们一起读同学们总结的关键语句。

（屏显）

活动一：篇的通读

我为什么而活着

对爱情的渴望，对知识的追求，对人类苦难不可遏制的同情，这三种纯洁而无比强烈的感情支配着我的一生。

我寻求爱情。

我以同样的热情寻求知识。

爱情和知识，尽其可能地把我引上云霄，但是同情心总把我带回尘世。

这就是我的一生，我觉得我活着值得。

师：通过这个活动，我们可以总结一下如何进行思路梳理。

生：先要把这篇文章的段落概述一下，分析归纳属于哪个部分，最后总结。

师：归纳梳理，概括内容，最后用"首先""接着""最后"这样的关联词表述出来。非常感谢！请坐。

师：接下来我们进行第二个自读活动——段的细读。这篇文章不仅篇的结构很严谨，段的构成也非常漂亮。用我们刚才梳理的方法，同学们再来读第2、3、4段，梳理段落思路，同时发现每一段中美妙的"三"。老师举一个例子：第2段首先点出要追求爱情，又分别阐述了三个原因，最后总结自己追求的结果。那么第3段、第4段思路又如何？又有怎样的"三"呢？请同学们默读这两段，做好批注。

（屏显）

活动二：段的细读

话题：美妙的"三"的发现

发现：

第二段：寻求爱情的三个原因。

第三段：_____。

第四段：_____。

（生默读批注后分享）

生：第3段介绍了他寻求知识的三个方面。第一个方面想要了解人类的心灵，第二个方面他想要了解星辰为什么会闪闪发光，第三个方面想了解毕达哥拉斯的思想威力。第一个方面属于人类，了解人的心理就是研究哲学和心理学；第二个方面属于天文；第三个方面属于社会。

师：慧眼识珠！一下子就找到了第3段的三个方面。那就是人的心灵，星辰，数字支配万物流转，再凝练一下就是人类、自然、社会。那么第4段呢？

生：有三种痛苦的人。一种是饥饿的儿童，第二种是被压迫者折磨的受害者，第三种是被儿女视为负担的无助的老人。这三种是作者希望帮助，但是没有帮助到的。

师：三种典型的人物。你一下子就从文章中发现了！哪位同学能概括一下第3段、第4段的思路？

生：第3段照应第1段。第3段首先讲寻求知识，接着从三个方面阐述，最后写自己的所得。

生：第4段首先写同情心把作者带回到尘世，可见他心中的一种博爱，对人类社会的一种悲悯，接着提到三种典型的人物，更可以体现出他想帮助这个世界，拯救世界和平的哲学思想，最后"但是我无能为力，而且自己也深受其害"，虽然他有这颗博爱的心，但他却无法拯救这个世界，表达了无奈悲凉的一种思想情感。

师：好！接下来同学们把3、4段中你发现的"三"批注在书中。我们可以说段的特点，那就是"三"的思维，而且层次清晰。

（板书：三的思维，层次清晰）

师：不仅每段当中有"三"，全文也是写三大追求，所以"三"的思维是构段、写文极为重要的一种方式，比如《紫藤萝瀑布》，写了花瀑、花穗和花朵三个方面；《金色花》，从早中晚三幅画面展示温馨；《陋室铭》，从室外之景、交往之人、室内之事三方面写主人道德的高尚。或者是一个故事三次进展，名著中很多，同学们能想到吗？三打、三借……

生：三打白骨精、三借芭蕉扇、三气周瑜、三顾茅庐、三拳打死镇关西……

师：接下来，就让我们读出第3段和第4段的层次，大的层次之间停顿时间稍微长点，句内小的层次停顿短，读。

（屏显）

活动二：段的细读

我以同样的热情/寻求知识。

我希望了解/人的心灵，我希望知道/星辰为什么闪闪发光，我试图理解/毕达哥拉斯的思想威力，即/数字支配着万物流转。

这方面我获得一些成就，然而并不多。

（生读）

师：好！第4段，读。

（屏显）

活动二：段的细读

爱情和知识，尽其可能地把我引上云霄，但是同情心总把我带回尘世。

痛苦的呼号的回声在我心中回荡，饥饿的儿童，被压迫者折磨的受害者，被儿女视为负担的无助的老人以及充满孤寂、贫穷和痛苦的整个世界，都是对人类应有生活的嘲讽。

我渴望减轻这些不幸，但是我无能为力，而且我自己也深受其害。

（生读）

师：元好问曾经说过："一语天然万古新，豪华落尽见真淳。"这篇文章也具有这样的特点，看似平淡无奇，实际上隐藏着作者极为深沉、强烈的情感。细细品来,意味深长。接下来,让我们共同走进第 4 段,品读句子的表达之美。第 4 段共有三个句子,同学们可以任意选择一个句子赏析,这个句子的作用是什么?写出了什么?表达了什么?拿起笔,在书中或者在纸上写下自己的思考。

(屏显)

活动三:句的品读

话题:第四段句子的表达之美。

爱情和知识,尽其可能地把我引上云霄,但是同情心总把我带回尘世。痛苦的呼号的回声在我心中回荡,饥饿的儿童,被压迫者折磨的受害者,被儿女视为负担的无助的老人以及充满孤寂、贫穷和痛苦的整个世界,都是对人类应有生活的嘲讽。我渴望减轻这些不幸,但是我无能为力,而且我自己也深受其害。

(生写赏析,教师巡视)

师:分享一下你的思考。

生:我赏析的是"爱情和知识尽其可能地把我引上云霄,但是同情心总把我带回到尘世",表达了作者对爱情和知识美好境界的追求,也表达了作者对人类社会苦难的同情。作者向往爱情和知识,同时他也时刻关注着社会,表达了作者的博大胸怀和对人类社会的关心,希望通过自己的力量挽救社会。

师:谢谢!你看,这么短的时间洋洋洒洒写了这么多,并深入思考,请坐!美好和苦痛形成了鲜明的对比,我们一起把这句读一读。

(生读)

师:大家有没有发现,这一句是先扬后抑的,所以我们在读的时候,前一句读得高昂,"爱情和知识尽其可能地把我引上云霄",后一句低沉,"但是同情心却总是把我带回尘世",再读。

(生读)

生:我选择的是第三个句子,表达了作者对三类人的同情,希望为这些人做些事情,自己却无能为力。这个句子有很强的概括性,表达了作者的同情心。

师:这句话我们如果结合事实来分析,罗素真的是无能为力吗?对现实和这些苦痛真的是逆来顺受吗？有没有同学想发表一下对最后一句的观点？

生：对这句话的理解可以联系上面的一句话，因为作者首先写的是饥饿的儿童，被压迫者折磨的受害者，被儿女视为负担的无助老人，这几乎是整个社会全部不幸的人。他们也分布在各个年龄段，童年时期、成年时期以至于老年时期。当时那个社会充斥着痛苦，他自己根本都无法自保，那他怎么会管得了其他的事情？他有些有心无力吧？

师：谢谢！他把人类的苦难压在了自己的心头，所以这一句我们应该读出无奈，读出渴望。读。

生：（读得深沉）我渴望减轻这些不幸，但是我无能为力，而且我自己也深受其害。

师：还有对这一句发表不同的看法的吗？你来说。

生：这句话有细腻的情感体验，也是作者真诚的内心独白。作者为人类的苦难痛苦，有着无怨无悔的高尚人格和崇高的生活目的，这种激情之所以支配了他的一生，正是源于这个伟大的思想家希望拯救整个社会苦难的良知以及崇高的思想境界。他的经历正好是这种情感最好的佐证，他的一生非常苦难，在两岁的时候丧失了母亲，在四岁的时候丧父，成了孤儿，他在中年时期经常参加维护和平的运动，曾经两次被捕入狱，但是去世前，他仍然为中东战争给人们带来的痛苦而感到伤心难过。

师：你是罗素的知音呀！对他的经历了如指掌。通过你的介绍，我们懂得了罗素虽然深受其害，可是他尽自己的能力去拯救世人。虽然这句话是先扬再抑的，但是这句话的真正含义是什么呢？虽然我无能为力，而且深受其害，但我渴望减轻这些不幸。让我们再来读。

生：（加深理解地读）我渴望减轻这些不幸，但是我无能为力，而且我自己也深受其害。

师：还剩下最后一个句子，哪位同学来？赏析一下，尽量找没有发过言的同学，你来说说。

生：我赏析的是第二个句子，因为作者分别列举了饥饿的儿童，被压迫者折磨的受害者，被儿女视为负担的无助老人以及充满孤寂贫穷和痛苦的整个世界，作者就是为了说在这个世界上有很多的苦难与不幸，表达了作者的同情心、悲悯心，然后再联系下文，作者渴望解决这些苦难，又无能为力，所以表达自己的无奈之情。

师：会联系下文，也要会联系上文。我们会发现这些苦难照应着前面第一段的"深深的苦海"，照应着前面第二段的"冰冷死寂、深不可测的深渊"。感谢你的发言。

生：我想对第一句再做一个补充。"爱情和知识，尽其可能地把我引上云霄，但是同情心总把我带回尘世。"我认为其中包含拟人，形象生动地写出了爱情和知识让作者非常向往，把他带到了一片极乐净土。可是想到这个世界上还有很多悲惨的人，还有很多孤独的人，这些事实把他带回了现实，让他想为人类做出一些巨大的贡献。这样就体现了作者的悲天悯人，一种奉献精神。

师：所以我们看出，罗素不仅仅是为了自己而活着。感谢发现。

生：在第一句中我找到了两个关键词，一个是"爱情和知识，尽其可能地把我引向云霄"中"云霄"这个词。第二个是"但是同情心总把我带回尘世"中"尘世"这个词。我觉得这两个词一个是天上，一个是地上，形成了一种强烈的对比。作者罗素虽然非常渴望爱情和知识，但是同情心总让他把快乐放在一边，关心尘世的痛苦，选择帮助他们，竭力帮助他们解决痛苦，这句话是一个转折点。前面写寻求爱情和知识的重要性，后面写"把他带回尘世""痛苦的呼号"，也就是说爱情和知识是次要的，同情心在作者心中占的比例是最大的。

师：非常感谢！通过这个对比句、转折句，你看出了三者之间的关系，读出了罗素伟大的心灵。那么，接下来让我们再次来读这一段。

（生读）

师：同学们读的时候要注意，要把你们体会到的罗素的博爱、悲天悯人、博大之情读出来，怎么读出来呢？注意重音，注意停顿。看屏幕，加粗字体需要重读的，画斜杠的地方稍微停顿，"整个世界"需要一字一顿，我们再来读。

（屏显）

痛苦的**呼号**的回声/在我心中回荡，**饥饿**的儿童，被压迫者**折磨**的受害者,被儿女视为负担的/无助的/老人以及充满孤寂、贫穷和痛苦的整——个——世——界,都是对人类应有生活的嘲讽。我**渴望**减轻这些不幸。

(生读)

师:进步很大!再注意一点,还要读出缓急。三类人,"儿童""受害者""老人"接着跟上,要读得急促,表达出心灵的煎熬。(范读,先急后缓)"痛苦的呼号的回声在我的心中回荡,饥饿的儿童,被压迫者折磨的受害者,被儿女视为负担的无助的老人以及充满孤寂,贫穷和痛苦的整个世界,都是对人类应有生活的嘲讽。我渴望减轻这些不幸。"

(生读)

师:谢谢同学们!你们当罗素,我们对话交流。罗素啊,你完全可以躺在你获得的任何一个荣誉或者是任何一个奖项当中养尊处优,不问世事,可是你没有,这是因为……

生:痛苦的呼号的回声在我心中回荡,饥饿的儿童,被压迫者折磨的受害者,被儿女视为负担的无助的老人以及充满孤寂、贫穷和痛苦的整个世界,都是对人类应有生活的嘲讽。我渴望减轻这些不幸。

师:你旗帜鲜明地反对侵略,反对战争,不顾年迈,无畏嘲讽,不怕死亡,义无反顾,这又是因为……

生:痛苦的呼号的回声在我心中回荡,饥饿的儿童,被压迫者折磨的受害者,被儿女视为负担的无助的老人以及充满孤寂、贫穷和痛苦的整个世界,都是对人类应有生活的嘲讽。我渴望减轻这些不幸。

师:这不仅仅是罗素的生活宣言,更是像罗素一样的古今中外一切伟大人物的生活准则。你能举一个例子吗?

生:我想到的是周恩来,他看到中国被压迫的人民,就发出了"为中华之崛起而读书"的誓言。

师:以天下为己任。

生:我想到了屈原,他对国家忠心耿耿,提建议却不被采纳,依旧忧国忧民,最后选择投江自尽。

师:长太息以掩涕兮,哀民生之多艰。

生:我想到的是鲁迅老先生,因为他曾经写过《藤野先生》,里面有一个片段，是他看到了麻木不仁的中国人，选择弃医从文，用文章唤醒人们沉睡的爱国情怀，所以他是一个舍弃一己私欲为全人类造福的伟大人物。

师：谢谢！我们还可以想到范仲淹的……

生：先天下之忧而忧，后天下之乐而乐。

师：顾炎武的……

生：天下兴亡，匹夫有责。

师：他们无一例外都像罗素一样，做到了……读。

生：痛苦的呼号的回声在我心中回荡，饥饿的儿童，被压迫者折磨的受害者，被儿女视为负担的无助的老人以及充满孤寂、贫穷和痛苦的整个世界，都是对人类应有生活的嘲讽。我渴望减轻这些不幸。

师：好，接下来把这一段文字背诵。

（生读背）

（师板书：意蕴深刻　文采斐然）

师：这是本文句的特点。来，我们试着背一下，实在不会背也可以看书，"痛苦的呼号的回声"，背——

（生齐背）

师：好，对本文同学们还有存在疑问的地方吗？尤其是课本旁边批注的问题。如果你有疑问，可以提出来。

生：我有一个疑问，就是"尽其可能地把我引向云霄"这个"云霄"和"尘世"是心灵上的还是生活上的？它指的是哪个层面的？

师：好，请坐。这个有想解答的吗？

师：哦，有人读懂了。你先说。

生："引向云霄"，是罗素对爱情和知识的渴望和追求，所带来的快乐。"带回尘世"，是下文提到的"饥饿的儿童，被压迫者折磨的受害者和被儿女视为负担的无助的老人"，这些都是现在社会上遭受苦难的人，唤起了罗素的同情心，让他面对现实中的苦难。

师：所以，这是一种形象的表达，抒情的表达，来抒发内心的苦与乐。好，还有没有疑问？

师：后面这位同学，你说。

生：我的疑问是，文章第 4 自然段说，罗素既然深受其害，活得这么苦，最后一段为什么还说是值得的呢？

师：是啊！生活有这么多的痛苦和烦恼，为什么还值得？你想回答？来。

生：我认为，爱情带给罗素的是生活上的一种充实，因为有伴侣，从爱情里面学到呵护他人，是特别幸福的事。知识，又给他一种精神层面上的满足，他写过很多文章，是著名的数学家、文学家，是特别伟大的人，所以这两种东西带给他的精神层次的东西是不一样的，尽管他过得很苦，但爱情和知识带给他精神上的慰藉是满足的。

师：谢谢！你认为他苦中作乐，苦中有乐。这是一个原因，还有很重要的一个原因，那就是罗素在《快乐哲学》中说过的一句话："一个人的命运只有和人类的命运急流深刻地交融在一起。他才能够获得心灵的至高无上的欢乐。"苦本身就是一种乐啊！谢谢同学们，我们来总结一下这节课我们所学的篇、段、句的特色，读板书。

（屏显）

篇：开篇点题，总分照应

段：三的思维，层次清晰

句：意蕴深刻，文采斐然

师：罗素在他《80 岁自画像》一文中说："我在少年时期就为我的一生确定了两大重要的目标：一，我想知道世界上的任何事物是否都是可知的；二，我想尽我的一切努力去创造一个幸福的世界。"同学们，也希望你们在最好的年纪，能够像罗素和古今中外的仁人志士一样，树立一个伟大的抱负，并用一生去践行！最后让我们共同来朗读这段凝缩的小短文，能背的地方就背。

（屏显）

我为什么而活着

罗素

对爱情的渴望，对知识的追求，对人类苦难不可遏制的同情，这三种纯洁而无比强烈的感情支配着我的一生。

爱情和知识，尽其可能地把我引上云霄，但是同情心总把我带回尘世。痛苦的呼号的回声在我心中回荡，饥饿的儿童，被压迫者折磨的受害者，被儿女视为负担的无助的老人以及充满孤寂、贫穷和痛苦的整个世界，都是对人类应有生活的嘲讽。我渴望减轻这些不幸。

这就是我的一生，我觉得我活着值得。如果有机会的话，我还乐意再活一次。

（生读）

师：谢谢优秀的同学们！下课！

（生全体起立）

生：谢谢老师，老师再见。

·听课回响·

春风化雨，育人无声

山东省潍坊广文中学　孟晓娜

怎样的课算是一堂好课呢？仁者见仁智者见智。于我而言，听课时能情不自禁、不由自主地沉浸其中，听课后余音绕梁、回味无穷，再思来又有章可循、受益匪浅，在不知不觉中学习了方法，有了思考感悟，这就是一堂好课。崔丽梅老师执教的《我为什么而活着》就给了我这样的感受，于我，于学生，如春风化雨，育人无声。

崔老师的教学过程主要有四个环节：课前热身，了解作者、文体知识等；篇的通读，概括主要内容；段的细读，梳理重要段落思路；句的品读，赏析句子之美。这四个环节的设计，目标清晰简练、内容由面到点、层层深入，既有知识的学习，能力的提升，更有思维的拓展、情感的熏陶。

一、关注知识的积累与方法的指导，课堂扎实务实

《我为什么而活着》是一篇哲理性散文，崔老师首先抓住文本的特质，让

孩子们齐读字词，积累知识，再读文体知识，从而明确学习这篇文章的重点是什么。这还是一篇自读课文，崔老师设计的三个学习活动教给了孩子们一种自读的方法：篇的通读、段的细读、句的品读，即由面到线再到点。每个环节中又给予具体的方法指导：或找关键句，或发现一种行文的规律，或从字里行间发现句子的美。同时，在孩子们阅读时，给予方法的指导；在孩子们回答问题时，给孩子们表述的规范；在老师或同学谈到关键内容时，及时提醒孩子在文中做批注。这小小的细节，也体现着一个老师想让学生养成良好学习习惯的美好初衷，扎实务实！

二、注重审美鉴赏与创造，课堂有理有情

这节课中，最欣赏崔老师多种形式的读，崔老师将对文章的理解、体会、感悟、鉴赏，通过各种形式的读来实现。试读、齐读、练读，读准确、读流利、读出感情、读出韵味。带着不同的要求去读：在孩子们刚赏析完这一句，对此句的理解最深刻时，顺势带着理解读；孩子们读完有指导，注意注音停顿地读；根据情感的表达，有缓有急地读。还设置不同的情境去读：你们来当罗素，我们来对话交流。引导孩子们的朗读由浅入深，在这一次次的朗读中，孩子们对文本的理解，对人物思想的理解就会更深刻；在一次次的朗读中，孩子们受到了潜移默化的影响，提高了思想认识，陶冶了道德情操，培养了审美情趣。这正是教学大纲在"教学中要重视的问题"中指出的。读，让孩子们在不知不觉中理解了作者的思想，感受到了作者的情感。

三、注重思维的发展与提升，课堂有生成

段的细读中，美妙的"三"的发现让人耳目一新。这个设计立足本文思路的特点，站在一定的高度引导孩子们阅读文本，感受这种用"三的思维"写文章甚至是构段的美妙，顺势引导孩子们思考他们所能想到的用"三的思维"叙事说理的文章，拓展他们的思维。

崔老师这个新奇的环节设计，也引发了我的思考。新大纲在"教学要重

视的问题"中提出这样的要求:"指导学生运用比较、分析、归纳等方法发展他们的观察、记忆、思考、联想和想象的能力,尤其要重视培养学生的创造性思维。"也就是说,教师在语文教学中要重视并加强学法指导,让学生主动地获取知识,为"终身教育"奠定基础,使他们在收集吸纳新的知识的同时,能够见微知著、举一反三、触类旁通,从而为创新开道。于是我就想到,知识的学习如果能用规律系统地联系起来,复杂的问题就会变得简单,就好像一棵大树的枝叶有了树干,它们彼此才有联系,知识才能在脑海中扎根。而比老师总结规律将知识联系起来讲授给学生更加重要的是,老师能引导孩子们自己去发现、总结规律,学会学习的方法,并形成自己的思维模式,这才真正达到了教学的目的——教会学生学习。

其实这种"三"的思维模式又岂是仅仅用在构段上,文章的谋篇布局等其他方面也经常用。讲故事要讲清起因、经过、结果,发表自己的观点时要提出问题、分析问题、解决问题,说问题要说明白是什么、为什么、怎么样,小说的三要素是人物、情节、环境,文章的结构可以是总、分、总,诸如此类。三,不多不少,既有转折,又不至于啰唆,刚刚好。这也启发我用这篇课文顺势引导学生以"三"的思维方式,学以致用,写一篇文章。

四、 用老师良好的素养唤醒孩子们纯真的情怀

我觉得能设计出这样朴实无华却又扎实务实的课,源于崔老师良好的语文素养,而崔老师的语文素养又不仅仅体现在教学设计上,还体现在她上课语言的表述以及举手投足间。

《学记》说"其言也,约而达,微而臧,罕譬而喻",就是说老师的语言简明透彻、精微而稳妥,话语不多,却很有典型性。崔老师的语言就有这样的特点。对学生回答问题的点评,可谓妙语连珠、字字珠玑。如"慧眼识珠""你读出了罗素伟大的心灵""你是罗素的知音"等,让孩子们有被认同感,让孩子们肯定自己的理解,更加自信;如"他把苦难压在了自己的心头""罗素不仅仅是为自己而活着",这是对孩子们的理解从不同角度进一步概括,加深了孩子们的认识;"会联系上文,也会联系下文",这是对答题方法和技巧

的提示，将所学落实到答题中；"苦中作乐、苦中有乐"，这是引领孩子们树立正确的人生观、价值观……话虽不多，但句句有针对，句句有引领，句句有提升。简短巧妙而有文化素养的过渡语，使课堂内容的变化水到渠成；"尽量找没有回答过问题的同学来说"，体现了一个老师对学生的关注度……正如苏霍姆林斯基说的"教育者的关注和爱护在学生的心灵上会留下不可磨灭的印象"。

说到这里，我想用一个"美"字，形容崔老师的课堂最恰当不过——人美、声音美，每一句表达都是带感情的。这才是真正的语文老师，这样上出来的语文课才让学生既收获了知识、锻炼了能力，又开拓了思维、受到了情感的熏陶。就像王筱菲老师说的，陶继新老师教给了她很多的东西，可是当有人问她，陶老师教给她什么时，她却说不上来，之后细思，原来陶老师的"存在"，已经教给了她许多——一言一行、一举一动，温文尔雅、谦和有礼。我觉得，崔老师对于学生们来说，就是这样的"存在"，绣口一吐、举手投足，那都是对学生的影响和教育——唤醒懵懂、激励上进、点燃希望。这样的老师的课，哪个孩子不喜欢上呢？

感谢崔老师带给我们这堂精彩的语文课，她给我最大的启示就是，作为一个教师，要发展，也必须得发展。要有教育情怀，要提高自己的语文素养，要多思考能引导学生学会学习的方法……"问渠那得清如许，为有源头活水来"，多读书、多学习吧，为了我们自己上课时拥有更强的幸福感，也为了祖国的花朵更加健康地成长！

透视经典作品，凝视伟大作家

山东省潍坊广文中学　曹竹贤

在"第十一届名家人文教育高端论坛暨名师课堂研讨会"上，我一睹了名家的风采，这实属语文人的幸运。其中由崔丽梅老师执教的《我为什么而活》这节课让我眼前一亮，对于哲理性散文的执教顿时有了柳暗花明的顿悟。崔老师这一堂经过精心设计的课，就像一个万花筒一样给我们呈现了太多的惊喜。

一、以读促悟，注重能力

《我为什么而活》这篇课文是部编教材人教版八年级上册第四单元的一篇哲理性散文，是伟大作家罗素晚年的一篇文章，凝聚了作家一生的追求和情感。所以学习这篇文章时把阅读贯穿始终是最为恰切的设计，崔老师采用了"通读、细读、品读"的阅读方式对这篇文章进行了解读，并且逐层深入，步步为营，让学生一步一步走进了罗素的心灵和精神。尤其是在"句的品读"的环节上，崔老师对学生进行了现场朗读指导，有效地指导学生注意重音、停顿、感情的起伏，读出罗素的悲悯，读出罗素的痛苦，也读出罗素的无奈，从而读出这个伟大人物的崇高。

崔老师这节课的亮点就是用"读"来贯穿学习始末的，整节课她用三个跟"读"有关的活动串起了这节课：篇的通读、段的细读、句的品读。围绕着这三个活动，崔老师引导着学生反复不断、逐层递进地读，最终读出了味道，读出了层次，读出了情感，读出了哲思，可以说这是一节真正的既在读中深入，又在读中升华的语文课，也给广大听课的同行们提供了哲理性散文教学的新思路。

由于课文本身披露了作家的思想历程，讲述了作家的人生感悟，字里行间传达着人性的悲悯与睿智，所以读懂了也就理解了作者的感情和哲思，因此这节课，学生是真的"读"懂了罗素，"读"懂了《我为什么而活》。

二、环节紧凑，不着痕迹

崔老师一上课就开门见山地跟学生交流了课题和作者，并且向大家展示了阅读提示，意在引起学生注意：哲理散文又叫做议论性散文，它既像议论文一样，有着鲜明的观点和清晰的思路；又像散文，有着充沛的情感和优美的表达。这个设计很有必要，因为哲理性散文的教学比较难把握，需要老师做好充分的准备工作并且要灵活地引导和渗透，学生才可能慢慢地去感悟其中的深刻哲理。

"篇的通读"这个活动设计得非常巧妙，崔老师先让学生自读课文，在自读之前引导学生用画出关键句子的方法理出文章的写作思路，即"这篇文章首先开篇点题，概括了作者的三大追求，接着写了什么，最后又写了什么"。这样就等于给了学生一个梳理文章结构的"抓手"，学生便马上提纲挈领般地把文章的写作思路梳理出来了。这样，文本的大致内容和结构也就了然心间了。然后，崔老师更为细致地做到了：把学生梳理出来的整篇文章中包括每一段的关键句连成了一篇文章，展示的文章是去掉了作者的诠释和感悟的。当崔老师把体现整篇文章的结构和思路的关键句呈现给大家时，顿时文章的层次和结构就非常明晰了。所以当她引导学生朗读写作思路的时候，学生声音洪亮，自信有加，他们不仅读出了结构和思路，也读出了满满的成就感。

理清了文章的写作思路和结构，崔老师就顺理成章地把学生带入了第二个环节：段的细读。

一篇文章不仅篇的结构要理清，段的构成也很重要，崔老师引导学生使用她在上一个活动中梳理文章结构的方法，进入每一段的分析，这样既是对梳理文章结构方法的复习，也是课堂练兵的即时检测，让学生真正做到学以致用。

用印度诗人泰戈尔的一句话概括崔老师的各个教学环节的衔接过渡，那就是"天空中没有鸟的痕迹，可是我早已飞过"。

三、凝视作者，亮点激趣

1. 凝视作家。

罗素是一位伟大的作家，他在少年时期就为自己的一生确定了人生目标：想尽一切努力去维护世界的幸福。可以说从此之后，他把自己的一生都投入其中并为之奋斗终生。著名的儿童文学作家曹文轩说："未经凝视的世界是毫无意义的。"如此伟大的作家必须经过凝视，学生的阅历尚浅，对人生的体会也不深刻，对伟大作家的理解更需要老师的引导。崔老师对作家的凝视让学生加深了对罗素的认识，从而更好地引导学生去体会作家的痛苦：罗素渴望爱情、追求知识，这两样崇高的追求带给了他冲向云霄的快乐，但是同情心却总是把他带回尘世,他因此而无奈,也因此而高尚。

当课堂上学生对罗素及其思想、追求、精神世界等方面侃侃而谈时,我们都为之感到欣慰和喜悦。

2."三"的思维。

在"段的细读"里,崔老师的"'三'的思维"无疑是一个亮点!学生在崔老师的引导下发现,无论是第2段的追求爱情,还是第3段的追求知识,抑或是第4段对尘世痛苦的同情心都各有"三个"原因。这一发现推动着大家发现并探索更多的"三"。在这个环节中,崔老师引导学生进行了语文学习中"'三'的思维"的引导和培养。于是大家一起从罗素的《我为什么而活》中的"三大追求"到课文中间三个自然段里每一个段落里的"三"的运用,碰撞出了更多的思维的火花:《紫藤萝瀑布》里描写紫藤萝花的外形时的花瀑、花穗、花朵。学生踊跃发言,积极展示自己知道的"三",让学生的思维和热情在这里引发了一个小高潮,点燃了学生的学习热情。

四、触及心灵,升华思想

在品读句子的时候,崔老师让学生从第4自然段任意选择一个句子进行赏析,并用笔写下自己的思考。这篇文章字里行间都包含着罗素对人类、对自然、对社会、对人性的深刻的思考,学生各抒己见,表达着自己对这篇课文的见解,崔老师精准的点评让学生加深了对美好和痛苦的理解,继而加深了对人生的思考,罗素是什么样的人,他高尚在何处呢?我要成为什么样的人?学生对三个句子逐层深入赏析,终于明白了罗素这个伟大的作家,绝不仅仅是为了自己而活着,他为了那些需要救助的苦难而痛苦地活着,所以虽然他渴望爱情和知识,这些美好的精神生活却最终没有阻挡他的同情心——他对这个世界的苦难的悲悯之心。所以当学生完成品读句子的环节时,作为听课的老师,我们从学生的朗读中分明感受到了罗素伟大的心灵。这节课将会给听课的学生埋下心存悲悯的种子,从而引导学生用更加温柔的目光来审视我们所存在的这个世界。

也许我们永远也不可能达到罗素的伟大,但我们可以成为自己的罗素。

· 课堂实录 ·

《孤独之旅》课堂教学实录
执教：余映潮

师：上课。

生：起立。

师：同学们好！

生：老师好！

师：好，谢谢。请坐，我们进入小说节选《孤独之旅》的阅读和欣赏。这是一篇自读课文，需要同学们有更多的时间来习练，了解作家作品。读起来，《孤独之旅》节选自……读起来。

生：节选自曹文轩的少年长篇小说《草房子》。

师：继续，曹文轩，读。

生：曹文轩，北京大学中文系教授、博士生导师，北京市作家协会副主席。2016年获国际安徒生奖。代表作有《草房子》《红瓦》《天瓢》《青铜葵花》等。

师：好，继续读。

生：《草房子》主要从少年儿童成长的角度，描述了上世纪60年代初苏北水乡油麻地人们的生活。

师：还要了解人物形象，课文中……读。（出示课件）

（生齐读）

师：这就是故事的背景，大家观察课文的第1段，（师读第1段的内容）把"放鸭"两个字圈起来，这就是故事的主要内容。我们看旁批，课文中的旁批这样说，交代故事发生的背景。这是读小说的一项知识点，背景的交代。好，我们进入阅读欣赏之前，还要把几个难读难写的字熟悉一下。（出示课件）

生：（齐读）掺杂，给予，肥硕，抠出，戳破。

师：注意"给予"的读音。好我们再来读一读"注意字形"，（指屏幕）读。

（生齐读字词）

师：开始我们的教学旅行，《孤独之旅》在统编教材里面是自读课文，老师带着大家来阅读欣赏。

出示PPT：

小说阅读方法指导：抓住标题，感知全文。

师：读小说也好，读其他文章也好，有一个诀窍，就是抓住文章标题则可以感知全文内容。现在我们来抓住标题，感知故事。

出示PPT：

一个字。

师：这个字来带着大家进入作品。

话题，也就是大家的任务，根据课文内容，说说孤独之旅的"旅"的含义。我们知道"旅"的基本意思就是离家在外，居留他地。但是在故事中既有这样的意思又肯定有更丰厚的多方面的含义。好的。自读思考。

（师巡视）

师：好，请诠释"旅"的含义。

生：老师，我认为旅的含义是杜小康在荒凉的芦苇地里放鸭的一个过程，第二方面是杜小康内心成长的一个过程。

师：这就是根据课文内容来阐释标题的含义，简单来说"旅"就是放鸭子,"旅"就是杜小康跟着父亲去放鸭子,"旅"就是杜小康跟着父亲去荒无人烟的芦苇荡里放鸭子,好,继续。(师示意举手)好,谢谢。

生:我感觉旅程既可以说是杜小康从小学退学,然后从一个比较好的家境走向比较困难的放鸭子的一个旅程。同时也是从不成熟不习惯到后来坚强成熟的历程。

师:在漫长的时间里面接受磨炼的过程,很好。谢谢。

生:我觉得是杜小康成长的历程,是一个成长之旅。

师:成长之旅,心路之旅。

生:老师,我认为"旅"不仅是杜小康跟着父亲去放鸭子,还是他从懦弱走向成熟,从幼稚走向成长的过程。他在生活的苦难中磨炼意志。

师:磨炼的过程,磨炼什么呢?磨炼身心。我们来看课后的"阅读提示"。课后阅读提示的关键句,看第1段。(师读)这就是旅的确切的诠释——在困难中锤炼身心的过程,就是杜小康的孤独之旅啊。我们一起来朗读。

出示PPT:

旅的基本含义。远行,艰苦的历程。远离家乡的放鸭生活,痛苦的历练,成长中的苦难经历,孤独之中的心路历程,身心的长期锤炼,一次美好的长大。

师:好,同学们,请大家择其要领在课本上进行旁批。作者用他的文采斐然之笔写下一位少年成长的历程。这种成长是在艰苦的环境中进行的。所以曹文轩在他的创作随笔中这样说,大家一起读。

生:面对苦难,我们应抱有感恩之心。

师:感恩苦难,让一个人能够坚强地成长。

好,开始我们的第二次阅读指导——纵向品读,体味细节。什么叫纵向品读呢?从故事的开端、发展、再发展到结局进行的品读叫纵向品读,读一篇文章是这样,读一本小说整本书也是这样,但是,纵向品读是有要求的,看类似的细节。所谓类似的细节,比如风景的描写,全文的风景描写就是类似的细节,我们现在看一个词,这个词就是"鸭群",结合课文内容说说鸭群描写的作用。文中往往用成段的话来描写鸭群,从故事开始到故事结束,穿插在故事之中,你要体会这里的鸭群描写表现了什么,写出了什么。这就是分析它的作用。好，速读，跳读。然后观察一个地方，结合前后的语境说这里描写的作用。请动笔，请思考，思考的时候要用你的笔及时把你品味的内容写下来批在课本上。

（师巡视）

师：好的，请你对鸭群的描写进行赏析。

生：老师，我觉得鸭群象征了杜小康的内心世界，比如说第10段中描写鸭子的叫声其实是反衬了杜小康的一种孤单孤寂。在第39段，下雨的时候鸭子受惊跑了，其实是衬托了杜小康内心的恐惧。在第50段，鸭子长大其实也象征杜小康内心的成长。

师：谢谢，我们的品析最好是选一个点，透彻地表达自己的观点。比如这个同学说的第10段。（师读段落）很典型的以声写静，鸭子的声音在这空旷的环境里面表达出来，确实既让人感到寂寞又让人感到振奋。这个振奋的含义是很深刻的，也许这个振奋里就带有恐惧，所以鸭子的描写是为表现人物服务的，这里的描写表现了人物的孤独，表现了人物的无助，只有鸭子陪伴着他们。

生：我找的是第39段，这群平时很温驯的小东西像疯了一样只顾没头没脑地乱窜。这里写出了暴风雨中的鸭群，象征性地描写出了杜小康离家在外的迷茫和暴风雨里的慌乱。

师：这里就写出了故事的细节之美，波澜之美。同时杜小康又把鸭子找回来而表现出他的成功。有象征的意义啊。

生：我找的是第15段，说鸭们将主人的船团团围住，唯恐自己与这条唯一能使自己感到有依托的小船分开；它们把嘴插进翅膀里，一副睡觉绝不让主人操心的样子。这里运用了拟人的手法，把鸭群人格化，写出鸭群想依托小船，鸭群非常孤独，想找东西去依附。也反映出杜小康同鸭群一样，也想找东西依附，非常的孤独。

师：鸭子是有主人的，它们将主人的船团团围住。杜小康只能战胜内心的恐慌。注意，这里写鸭子，写的是一种情味，这种情味就是鸭子要在主人的呵护下消除远离家乡的寂寞。但是主人呢？杜小康他们要在这个地方战胜困难和内心的恐惧。

生：然后这里描写鸭们的长大，然后写出它们长成真正的鸭们。

师：鸭们也长大了，主人也成熟了。作者是怀着欣喜的感情来描写它们。公鸭们变得更加漂亮，深浅不一的蓝羽紫羽，在阳光下犹如软缎一样闪闪发光。这里表达出来的是喜悦之情，暗示着杜小康终于摆脱了孤寂，美好地长大了。

生：我想补充一点，就是他说羽毛变得鲜亮稠密，一滴水也不能进了。应该是暗示了杜小康内心不怕困难。还有就是，十几只受了惊的鸭，居然一步不离挨着主人蹲了下来，这是写鸭群经历过暴风雨后的镇定，也暗示了杜小康经过这段时间之后他内心可以坦然地面对这个现实。

师：这就叫象征作用。而且美妙的就是写鸭的时候也写了鸭的主人。杜小康这个时候心情很好啊，雨过天晴，天空比任何一个夜晚都要明亮，杜小康长这么大从未见过蓝至这样的天空，而月亮又是那么明亮。这里是用写景来表现人物的快乐的心情的。月亮的明亮就是表现着心情的畅快。

生：我找的是第34自然段。鸭子在这里长得飞快，很快就有了成年鸭子的样子，当它们全都浮在水面上时，竟然已经是一大片了。这里是写杜小康开始习惯了孤独并且已经开始了成长了，也就是说借鸭子的成长来表现出杜小康内心的成熟和他的长大。

师：这里的成年鸭子是和前面的小鸭子相照应的，照应前文所有鸭子的描写。这里表现了时间的流逝，人物的成长。

我们来看一看文中写鸭群的作用。老师重点给大家点拨几个地方，大家做好笔记：故事开端的时候写鸭群随着主人出发了，鸭群在船前形成了一个倒置的扇面形，前面是永恒的路。这里写的是离开了家乡出发了。"但鸭们不管"，第10段。它们的叫声显示出芦苇荡的空旷，这里写的是远行，到了辽阔陌生的地方，开始表现孤独。接着看，"鸭们十分乖巧"一段，是第15段。这里写的是流浪的感觉。鸭子们为什么要这么紧紧地围着主人的船呢？它们也害怕呀。再看。"鸭子在这里长得飞快"这一片段。这里写的是时间在流逝，随遇而安。父子俩在这里生活。杜小康心中没有恐怖了。继续看"鸭们长大了"，这里写的是杜小康也长大了成熟了。那么对鸭子们的描写有什么作用呢？有什么美感呢？请作笔记，鸭群描写的作用是形成故事。没有鸭的描写就没有放鸭子的故事。

鸭群的描写作为线索贯穿全文，映衬人物。我们的同学都能够感受到这种映衬手法，它表达着象征意义。鸭们的从小到长大到成熟就是一种象征意义，将它们的描写穿插在文中，形成文学的美感。这就叫小说欣赏。我们要结合具体的语境、情节、细节来观察有关描写的作用。建议大家，如果要换一个话题，你们就可以再欣赏一下文中景物描写的作用；也是一条线索贯穿全文，也有美好的表达作用。好，我们再来看一看曹文轩的一条语录，大家读起来。

生：少年时就有一种对痛苦的风度，长大时才可能成为强者。

师：作者没有说"态度"。"风度"能表现一个人物的坚强，一个人的心胸。所以这里的措词也是很值得我们咀嚼的。继续指点大家小说的阅读方法：选点精读，品析欣赏。读小说必须对最精彩的部分精细阅读欣赏。请大家看第 36 段，我们来选读一个段。我们先一起读第 36 段。读起来。

（生读）

师：观察这里的旁批。它问，这里的描写、这里的环境描写有什么作用？我们还要加一点，这里的环境描写有什么美感？有什么作用？我读一遍，然后大家感受，思考并欣赏这一片段的表达之美。

出示 PPT：

那天，是他们离家以来所遇到的一个最恶劣的天气。一早上，天就阴沉下来。天黑，河水也黑，芦苇成了一片黑海。杜小康甚至觉得风也是黑的。临近中午时，雷声已如万辆战车从天边滚动过来，过不一会儿，暴风雨就歇斯底里地开始了，顿时，天昏地暗，仿佛世界已到了末日。四下里，一片呼呼的风声和千万支芦苇被风折断的咔嚓声。

师：好，思考美在哪里，有什么作用。这就是大家的任务。重点欣赏课文高潮部分暴风雨描写的美感与作用。可以说，这一段文字的美感是扑面而来的。好的，我们一起来欣赏。

生：我认为这里运用了很多的修辞手法。比如说把雷声比作了万辆战车，写风也是黑的，感觉非常有美感。这里是描写了暴风雨来时很凶猛的情景，渲染了一种非常悲凉的气氛，烘托了杜小康内心的恐惧，为下文鸭栏被风吹开以及杜小康的救鸭进行了铺垫。

师：说得好。这里的暴风雨的描写，就叫渲染气氛。恐怖呀，于是故事情节继续发展。

生：老师，我认为这里是环境描写。通过对暴风雨来临前和来临时的环境描写，表现了暴风雨来时的凶猛，体现了杜小康此时心里的压抑。暴风雨来临后杜小康的鸭子被吹散，暗示了杜小康是在风雨中、艰苦中，才得到了成熟和成长，得到了新生的。

师：这里设置了一个极其困难的环境，让人物在这个环境里面生活，然后表现出他的经历，表现他的成长。

生：我认为这一段和后面第47段描写雨后天晴形成了一个对比，杜小康成长中的困难和害怕，和后面他找到鸭子之后的欣喜、他的敢于面对困难，形成了对比，写出了他成长过程虽然艰难，但成长之中他是不再害怕困难的。

师：这位同学说得好，既对比又照应。首先有艰苦的环境，然后有战胜困难之后的愉悦。

生：我认为这里运用了环境描写，写出了他离家后遇到的恶劣的天气。这里渲染了悲凉的气氛，表现了杜小康心中的害怕，推动了情节的发展。然后我认为这里的美感是体现在它的比喻上。比如把雷声比作万辆战车从天边滚过来，写出了雷声的大，也体现杜小康的害怕。

师：美感表现在细节描写上。天黑，河水也黑，芦苇荡是一片黑海。杜小康觉得风也是黑的，这表现的就是恐怖。这里不是渲染悲凉的氛围，是渲染了恐怖的氛围啊。

生：其实我觉得这里并不是杜小康的害怕，而是他的一个成长的体现。他之前是茫然恐惧，但是他现在是成长以后的一个状态。我觉得这个描写是为了渲染他之后的镇定和冷静。

师：在这个时候也是有恐惧的。看！杜小康甚至觉得风也是黑的呀！这就是虚写风。风怎么是黑的呢？心中的风是黑的，这就是一种恐惧的表现。

生：我觉得这一段的氛围描写非常生动。暴风雨马上就要来的时候，芦苇荡有一种非常恐怖的气氛。有几个字或者几个词用得非常的好，比如雷声像万辆战车从天边滚过来。这个"滚"字给人一种扑面而来的感觉。还有，暴风雨就歇斯底里地开始了，"歇斯底里"，我觉得也用得非常生动。

师：是的，写天色是静态的描写，写雷声暴雨是动态的描写。动静有致。好啦，同学们说得都很好。我们再深入体会一下这个片段的美感和作用。我讲，大家要把读书笔记做好。

首先说美感。看看结构的美感吧。概写一笔，细写几笔。概写："最恶劣的天气"就是概写。这是一个中心句。然后整个段落就围绕着"最恶劣的天气"来展开。写天黑写暴风雨，都是细写。这一片段以时间为序，由静到动。早上、临近中午时，是时间的顺序。由静到动的描写，其实都是渲染。课文里面表现出来的还有，有色有声，有实有虚。实写：写天黑写暴风雨。虚写：人物的心理活动，有两处。第一处"杜小康觉得风也是黑的"，还有一处"仿佛世界已到了末日"，也是写人物的心理活动。有色有声，有实有虚，着力渲染，手法生动。更不用说它的措辞，它的造句，它语言的文采。这就是课文带给我们的美感。

作用，最明显的作用就是设置人物的环境，艰苦生活的环境。人物在这个环境里面经受磨炼。正是因为有暴风雨的来临，所以有鸭子的逃散，然后找到了鸭子，渡过了这个难关。

推动情节的发展应该说是暴风雨描写的最重要的作用。所以作者要着力地渲染它，以表现出它的可怕，以表现出人物终于经受了考验。

曹文轩告诉我们，景物的描写在文中有一个重要的作用，那就是增加文章的美感。在这个学习活动中，我们还要了解曹文轩对风景描写的高见。他说，风景在参与小说的精神构建的过程中，始终举足轻重。就是说小说中的风景描写有非常重要的作用。我们在阅读小说的时候，要非常关注景物描写在文中有怎样的美感与作用。

好，同学们。我们利用《孤独之旅》，从"一个字""一个词""一个段"这三个方面逐层深入地研读了体味了这篇课文。谢谢同学们，下课。

《做智慧的语文教师》讲座实录

余映潮

怎样做智慧的语文教师呢？其实只要抓住这两个关键：着实夯实自己的学问背景；苦练自己扎实教学的能力。我们的语文教师，我们的同仁，我们的年轻语文教师抓住这两个关键就能成为很好的、有智慧的语文老师。有自己的学问背景，又有扎实的教学能力，难道不是智慧的教师吗？

那么怎样成为专业素养高强的语文教师呢？怎样成为智慧的语文教师呢？首先要有理念高度，这样能使你提高自己的教学能力和教学水平，用理念来指导我们的行动。阅读教学的重要理念如：教材研读是教师教学能力的试金石。你教材研读的水平高，于是你安排的活动，你和学生的对话就非同一般。利用教材是阅读教学理念的指南针。利用教材是方向，我们现在很多人都只是把教材把课文作为解读的抓手，这个层次就不高。我们是用教材来训练学生的。如，实践活动是课堂阅读训练的聚宝盆，必须有学生的实践活动。这里的实践活动不是老师随便提问，学生随口回答。这里的实践活动是，教师有任务安排给学生，学生独立思考，进行阅读、品析与探究。如知识渗透是课堂阅读教学的源泉，一定要给学生讲语文的知识，讲文学的知识，讲文学作品之中手法的知识、技巧的知识等等。初中语文统编教材已经明确地告诉我们：要讲文学，要讲知识。如集体训练是学科高效课堂的顶梁柱。重要的活动，学生集体参与。共同提升，人人有收获，教学效率就高。这些都是理念，有了理念我们就能很好地组织课堂训练活动。

高效课堂阅读教学有哪些基本特征呢？6个关注：关注语言学用，关注技能训练，关注知识渗透，关注集体活动，关注审美教育，关注时间效益。不要浪费学生的课堂学习时间，每一个课时都应该有充足的教学容量。如果你在平时的教学中有这6个关注，那你的教学效果一定非常好了。

教师要有积累的习惯。没有积累，你的底气就不足，你就没有办法继续发展自己，你在课堂上和学生交流，语言就很苍白，内容就很平淡。多少语文老师在和学生对话的时候就只能说"非常好"三个字，这些都是没有多少教学价值的。你和学生对话要有文学的味道，要有知识的味道，要有语文的味道，要有雅致的味道。所以我们要积累自己。多少年来，我用最笨拙而又最科学的方法读书，用最辛苦而又最有用的方法读书，用最麻烦而又最精细的方法读书，那就是做读书卡片。我进行了大量资料的抄录，多少年坚持如一日。《孤独之旅》这篇文章的备课之中，我整理的文件夹就有几十个，百万字的内容就只为一个课的教学。《记承天寺夜游》备课中有那么多文件，有很多精练的内容，我们把它们组织起来，设计了一堂精品课。我每天早上都要读电子报，比如《光明日报》《人民日报》，这些都是我读报的文件夹，每个文件夹都有网上读报时的顺势积累，涉及面很广。这是小学古诗教学的所有资料，每一首古诗都有至少3000字的资料，全部有积累。我的时间到哪里去了呢？就是到这些积累中去，到备课中去了，到写文章中去了。我教学《假如生活欺骗了你》，用"课文联读"的方式让学生也有积累；用这首小小的诗歌联读美妙的、短小的、精致的、有哲理的诗歌片段。如汪国真的诗歌节选：因为向往，所以选择了远方；因为无可依靠，所以必须坚强。如德国诗人海涅的诗歌片段：我的心，你不要忧郁，把你的命运担起，冬天从这里夺去的，春天将交还给你。还可以联读诗人食指的诗歌片段。这些都是需要学生抄录背诵的。那么我的学生就有了课堂上丰富的积累，有朗读训练，有背诵训练。老师的积累就真正造福了学生。

做智慧的语文教师一定要有学问背景。如《故乡》中写少年闰土出场时候的景物描写：深蓝的天空中挂着一轮金黄的圆月，下面是海边的沙地，都种着一望无际的碧绿的西瓜。其间有一个十一二岁的少年，项带银圈，手捏一柄钢叉，向一匹猹尽力的刺去，那猹却将身子一扭，反而从他的胯下逃走了。这个片段，有色彩描写之美，有先静后动之美，有以景衬人之美，写人的时候有动词运用之美，这都是我们需要欣赏的。但更重要的在5个字上："海边的沙地"，它是整个故事的背景，是全文的线索，是故事的伏笔。少年闰土所讲的捕鸟、刺猹、守西瓜、捡贝壳等，都在海边的沙地上。那么中年闰土呢？当中年闰土来看"我"的时候，他的两眼肿得通红，"我"就知道在海边种地的人终日吹着海风，这也和"海边的沙地"照应起来了。这样一些教学内容都真正表现了小说的阅读赏析。所以，学问背景非常重要。

我们每位语文教师都要有教学艺术，这是非常重要的立身之本。语文老师和其他老师一样，都非常爱学生；你的爱要更好地表现在教学上。下面就说一下，怎样使我们的教学技术规范起来。那就是，设计一个课的五个关注点。

第一点，课文研读深透。教学警语：没有深刻精美的教材研读，则一定没有好课。也许老师自己读教材、理解教材的内容，有时候甚至和学生是差不多的，那怎么能够讲出好课呢？我们来看《凡卡》第1段中的秘密：

"九岁的凡卡·茹科夫，三个月前给送到鞋匠阿里亚希涅那里做学徒。圣诞节前夜他没有躺下睡觉，他等老板、老板娘和几个伙计到礼堂做礼拜去了，就从老板的衣柜里拿出一小瓶墨水，一支笔尖生了锈的钢笔，摩平一张揉皱了的白纸，写起信来。"

这开篇一句话就是让人物出场。就是设置了故事发生的场景。为什么开篇就写到"老板，老板娘和几个伙计"？这里是埋下伏笔，后来凡卡写信给爷爷诉苦，诉说人们对他的欺压的时候，就点了这三类人。"写起信来"四个字，统领了全文。课文中最重要的五个字是"圣诞节前夜"，它表现的是孩子在节日中的苦难，这比写平时里的孩子的苦难更有表现力。所以作者将时间设置在圣诞节前夜。我们看《卖火柴的小女孩》，作者把小女孩死去的时间设置在大年夜、新年早上，也是有特别的意义的。鲁迅先生笔下的《祝福》，把祥林嫂的死安排在迎春的爆竹声中，可谓意义深远。我们再看《桂林山水》

中的语言秘密。这篇课文实在是太精美，但是往往被我们当做碎问碎答的抓手。让我们的学生好好学习、积累课文中的语言吧。《桂林山水》语言秘密表现在：大量的美词、书面语。表现在生动的描述：空中云雾迷茫，山间绿树红花，无瑕的翡翠，翠绿的屏障，新生的竹笋。这种修饰与形容，进一步美化了波澜壮阔的大海、水平如镜的西湖。文中还有精巧的首尾照应，都是用的引用手法。还有极精致的两个段落。第2段有结构美，手法美，情感美，语言美。作者先写水，再写山。第3段也是这样，有结构美，手法美，情感美，语言美。这样精美的课文，多么值得我们充分地细致地利用。

第二个关注点，设计板块式思路。为什么要设计板块思路，那是为了安排学生的实践活动。教学警语：教学思路清晰，训练的目标才明确。板块思路中，每一个板块都有训练目标，整体把握，划分层次，评价人物；或背诵，或写微文，都是训练目标。所以。板块式思路最大的秘诀，就是清晰、有序，表现出一块一块地来落实的教学形态，每个教学板块都是一节独立的小课或者微型课。如《蚊子和狮子》的教学，这是多么简单的课文呢。简单的课，也只是让学生读一读，分析分析，谈谈感受。现在我们用这篇文章来训练学生的阅读赏析能力。第一个活动，情节分析。这个难度就大了。是两个情节还是三个情节呢？第二个活动，语言赏析。特别是动词的表现力，由学生品析阐述。第三个活动，寓意解析。每位同学都要写出新的寓意，把最后一段给替换掉。情节分析，语言赏析，寓意解析，三"析"教学，一定都是学生的实践活动。

第三个关注点是进行"主问题"设计。所谓"主问题"，就是牵一发而动全身的训练话题。其表现形式，可以是提问、问题、话题、任务、活动。阅读教学中的主问题的意义在于引领所有学生的阅读实践活动，实现集体训练，并达到无提问的教学境界，从而让每一个学生都有事可做。大家看我教学《叶圣陶先生二三事》里面的话题。这是第三次训练，请同学们梳理叶圣陶先生的"写话主张"，每一个学生都要圈，要画，要整合，要写出来；这就叫能力训练。于是学生经过五分钟的整理，就整合出了一篇微文：叶圣陶先生说，写文章坚决要用普通话，要平易自然、鲜明简洁、细致恳切、简明如画，等等。这就是学生梳理出来的叶圣陶先生的写话主张。学生既有读课本的收获，又有写作方法的收获。再看《永久的生命》的一个教学主问题：任选课文中三句话，组合为一篇微文且加上标题。于是，学生又要观察课文、研读课文，又要筛选课文关键句并组合成一篇微文。大家再看下面这些主问题：《我的叔叔于勒》，阐释"特快号船长"的表达作用。《愚公移山》，映衬手法的赏析。《壶口瀑布》，阐释第1段的表达魅力。《孔乙己》，孔乙己"挨打"描写赏析。《杞人忧天》，品析本文的表达之美。《智取生辰纲》，文中最"智"之处在哪里？《精神的三间小屋》，每位同学都要摘取10个警句，进行摘抄。这些全是主问题、全是学生的思维训练活动。如此，真正地让学生有能力的训练，有知识的积累，有语言的习得。

第四个关注点是运用"诗意手法"。我们的课堂训练活动要有情味有趣味，千万不要一堂课总是对着所有的学生碎问，耗费学生生命中宝贵的时间。所谓诗意手法，就是灵动的有创意的有情趣的，但是又很实用的教学手法。大家看《小石潭记》的教学，要有一篇微文描述"小石潭"之美。我的做法就让学生很高兴，趣味写话：用"小"字写话，用"石"字写话，用"潭"字写话，用"记"字写话。这就是角度之美，这就是创意之美。小学五年级的《祖父的园子》的教学，我告诉同学们，这篇文章里面，到处都是诗。学生们很茫然，怎么有诗呢？全部都是文字，全部都是叙述性的语言和段落。我说同学们你们看一看，老师就用这句话写的诗：

蜜蜂嗡嗡地飞着，

满身绒毛落到一朵花上，

胖乎乎圆滚滚，

就像一个小毛球。

同学们知道了吗？可以把句子变成诗的。于是，每位同学都很高兴地来写诗，几乎把文章的每一句都写成诗。这就是有情味的很实用的学生更有收获的教学。

第五个关注点，突现"实践活动"。最重要的就是让学生在课堂上有参与实践的可能。课堂实践活动，给学生足够的时间，给学生有训练力度的任务，让学生学语言、练能力、学知识。学生靠自己的实践来获得进步。《赫耳墨斯和雕像者》这篇课文，我有多种教学设计，这里说一个教学设计：活动一，概写。写五个句子说说这是一个什么样的故事。如这是一则寓言，这是一则伊索寓言，这是一则有趣味的有讽刺意义的、有哲理性的伊索寓言等。总之要写五个句子出来，这就是一个有趣味的、有难度的活动。活动二，朗读活动。体味故事的层次美。第一层是第一句话："赫尔墨斯想知道他在人间受到多大的尊重，就化作凡人，来到一个雕像者的店里。"这里有故事的起因、人物的出场、场景的设置和伏笔的埋设。后面就是故事的发展、高潮与结局。其中的"三问三答"推动着故事情节的发展。活动三，赏析活动。赏析课文语言，赏析一个字"笑"的作用。品析笑的背后人物的心理活动。第四个活动更难，是探究活动。话题是：说说这则寓言中的小说手法。正是因为这是一个有难度的话题，所以学生可以得到非常好的精读训练。比如对话描写展开情节，比如场景的设置，比如文中的伏笔和照应，比如情节的陡转等。这是最具特征的小说笔法。

总之，我们"用课文"，就要设计学生的真正的实践活动，让他们动思、动手、动脑，在真正的实践活动中提升学生的语言素养。谢谢大家。

· 听课回响 ·

洗尽铅华呈素姿

山东省垦利实验中学　张云梅

特级教师余映潮老师，多少语文教师心目中的"高山"啊！第二次近距离聆听余老的课，荣幸之至！

余老执教的是曹文轩《草房子》的节选《孤独之旅》，本节课余老对小说阅读方法的指导，很值得我们一线语文老师借鉴和学习。余老师在本节课中设计了三个环节，分别是：

第一，抓住标题，感知全文。抓住一个"旅"字。第二，纵向品读，体味细节。分析一个词"鸭群"。第三，选点精读，品析欣赏。赏析一个段，第

36段。

　　余老的课设计层次清晰大气，深入浅出，既有活动探究又有方法指导。余老仅通过一个字——"旅"，至一个词——"鸭群"，至一个段——第36段，就顺利完成了对学生的阅读引领：情节的梳理、人物的把握、语言的鉴赏、环境的烘托。学生在余老有条不紊的引导下走进文本最深处。整个过程都是潜移默化、润物无声的。在这一字一词一段间，文字背后的内涵、情味、意蕴就如涓涓细流般，缓缓款款地在我们心田流淌……

　　细细回味，感觉余老没有一句多余的话，没有展示花里胡哨的PPT，没有引入现代化的声光电等媒体手段，没有慷慨激昂的语调，没有夸张的手势和表情……有的只是亲和的语调，温和的笑容，真切的引领，但这却是真正的高效课堂：设计新、切入点巧、驾驭灵活；是"简"，至简！看起来设计极其简单的课，在余老驾轻就熟的调控之下，行云流水，水到渠成；朴实自然又浑然天成——真如品一杯香茗，醇香绵厚，回味无穷啊！听余老的课，一边绝望地羡慕，一边愧疚地反思：这就是余老的课，"看似寻常却奇崛"。高山仰止，吾不能望其项背！

　　反思我们的语文课堂，音频视频微课慕课课本剧，你方唱罢我登场，真可谓是"乱花渐欲迷人眼"，热闹得很，似乎一节公开课不鼓捣点儿花样就不算是郑重其事；一味地追求所谓的"热闹"，轰轰烈烈地进行热火朝天的小组讨论，学生缺乏语文专业知识的积累和引领，这样的讨论意义何在？反思自己的课堂，简直是丢盔弃甲溃不成军啊，惭愧之至！要提高学生的语文素养，语文教师首先需要提高自己的语言素养和语文素养啊！

　　余老的课就是这样平实，这样简单，但这去掉了浮华和喧闹的课，却是回归了语文真实韵味的本真的课！正所谓"洗尽铅华呈素姿"，这至简的背后，是无比的绚烂。

　　台上年过古稀的余老，讲课加报告，已经站着讲了一个半小时了，可没有显示出丝毫的倦态，我想"老当益壮"应当是对余老最好的写照吧，谨以此表达我对余老的敬意！

寻一把钥匙，给少年

山东省济宁市泗水县柘沟中学　王学美

转眼间，4天的"名家人文教育高端论坛暨名师课堂研讨会"匆匆而过，但对于我来说却收获满满！这里有语言上的沟通，更有心灵上的震撼！总之一句话："不虚此行！"

会上，有10位名师进行了精彩的课例展示，流利的口语、扎实的教学功底、亲切的教态、良好的综合素质，令人叹为观止。

令我印象最深刻的是余映潮老师执教的《孤独之旅》，50分钟的课，在"如何让学生深入文本、深入文本中人物的内心世界，触摸作者的灵魂"方面给了我不小的启发。

1. 课堂教学中，关注学生的情感体验，才能真正引导学生深入文本。

余映潮老师执教的《孤独之旅》，展现的就是一个活生生的积极的课堂情感体验！他的第一个教学活动就将学生深深地引入了课文："旅"的字面意思是离家在外、居留他地，那在课文"孤独之旅"中"旅"字的含义是什么呢？（学生默读课文进行思考）学生很容易能够总结出：指杜小康在经历了放鸭子后，心灵在成长。

接着，余老师顺势点拨，这样的孤独，从幼稚走向成熟的心路历程，也是一次美好的长大。杜小康终于陪伴着鸭子，看着鸭子生蛋了，挺过了暴风雨的考验。

余老师的课堂伊始，一个"旅"字既让学生对文章有了整体的把握，又关注了面对苦难的心灵成长，把学生带入文中，深度阅读杜小康的情感成长。我就在想，我之前的课堂，过多关注了学生记住了什么，过多关注了知识的呈现和对技巧的把握，学生并没有融入课文中，自然不能和作者的思想契合。所以，学生学习的效果不佳而且教师与学生都很累。当学生真正走入文本中的人物灵魂、情感时，自然而然就触摸到了作者的灵魂，主旨还用呈现吗？

那么问题又来了，把握这个方向之后，借助什么样的途径去实现学生的深入文本呢？

2. 课堂教学中，用问题驱动学生主动参与，才能真正实现深入文本。

《孤独之旅》是略读课文。作为这样一篇小说，余老师将长文短教的第一个突破点放在了"鸭群"上。第二个教学活动，问题设计为：结合全文说说鸭群描写的作用。他让学生勾画出描写鸭群的片段，品读并思考。在这个问题的驱动下，学生主动参与，在参与中自然而然陪伴着鸭子，看着鸭子生蛋了，挺过了暴风雨的考验。这种用问题驱动学生参与的文本探究过程，学生思维的发散与碰撞又能与作者的思想产生共鸣，从而使情感体验达到更高的层次。

那么，设置什么样的问题，问题的突破点或者切入点是什么，最终成为了关键所在。以小说为例，小说就要往"小"了讲，小到人物，小到象征意义的个体，小到景物的美感。

因此，围绕文本本身，对问题的设置，对目标的权衡，对内容的理解，对学生的掌控，对整堂课结构的把握，才是要害。这样的高标准，需要清晰的头脑，这就是教师的自我成长与修炼。

3. 课堂教学之外，教师的自我成长与修炼，才能架起学生心灵与作者心灵沟通的桥梁。

我特别佩服余老师掌握场面的这种能力，因为那些学生并不是他的学生，是临时抽来的学生，之前也没有任何交流，可他却很快就把那些孩子融入课堂。

厚积薄发。余老师在讲这篇课文的时候，把课文的景物描写讲得那么透彻，那么准确，他一定在之前广泛地了解了相关的资源，同时了解了曹文轩的文学思想。余老师在台上表现出来的那种风范，儒雅、泰然自若，让我无比崇拜。我想，如果孩子们能有这样的一个语文老师，真是他们一生的幸福。所以，教师只有对作者文学思想有深层把握，才能架起学生与作者之间沟通的桥梁。这样的学习是多么的轻松与愉快呢！

读书才是教师一生的修行，这一点值得我深思，也必将成为我今后努力的方向。

  我也想做一个让学生幸福的老师。

  三毛说，一个人至少拥有一个梦想，有一个理由去坚强。心若没有栖息的地方，到哪里都是流浪。这一次远行与学习，给我一次全新的体验。

  我在这里，寻到了一把钥匙，给我的学生。

·课堂实录·

《〈雷雨〉整本书阅读》课堂教学实录
执教：王　岱

师：同学们，咱们虽然是初次见面，但神交已久。知道为什么吗？原来我在山东省实验中学工作，二十年前。你们附中的师叔、师姨曾经称我为实验中学语文组的少壮派。我那时候还挺有名，至少附中的学生是知道我的。当初我领着学生办了一本校园杂志，叫《空间》。你们的师叔、师姨也办了一本杂志，叫《穿越》。他们要穿越空间，以后我们搞一些活动，请你们的师叔、师姨到我们学校来。可以讲那个时候是实验中学和附中热爱文学的孩子们的蜜月期，两校交往还是很多的。今天很荣幸和大家一起来度过下面两节课的时光。我发觉咱们的孩子都有一个特点，都是附中的好孩子，一看就能看出来，坐得特别的板正。放松一下，休息一下。孩子们，不要那么紧张。深呼吸一下，把两个手伸开来。我看谁还坐那么板正。（师生笑）因为什么，我们今天一起来学习《雷雨》，《雷雨》是一部经典名著。学文学作品的时候更多的是一种审美，知道什么状态下的审美才是最好的吗？（有生小声回答）唉，有同学说了，谁说的举手我看一下。（生举手）非常棒，这位男孩，叫什么名字，我先认识一下你。

生：孙佳浩。放松。

师：佳浩同学说得非常好，就是要放松，放松后人才有自由，人自由了就有了创造。同学们都读过了是吗？读过的同学举手。（所有学生举手）你们真棒。读完之后你的感觉是什么？我想听听你们在阅读过程中的感受。谁来讲？

生：我最初接触《雷雨》是在我高一的时候，因为我非常喜欢话剧，也喜欢这种剧本之类的文章。之前也看过沙东的作品，读《雷雨》的话就是看一部伟大的悲剧，一部家庭的悲剧，两个家庭的悲剧，还有当时千千万万的矿工的悲剧，非常感人也非常深刻。

师：非常棒，这是由热爱而产生的一种读书的欲望。谁再来讲。

生：我就觉得《雷雨》是一部节奏很快的话剧，我在晚自习读的时候一不小心就读了一整节晚自习。它的故事情节发展也很快，很能抓住人的心灵。

师：很好，班主任没找你的事是吧。（生笑）非常好，她说《雷雨》能抓住人，这是文学，特别是戏剧的一大特点。为什么这么讲呢？看小说我们不愿看了可以扔了，放一边，过后两年再看没问题。但是如果一个戏剧在舞台上来演，你抓不住人的话后果很严重，人都跑了。谁再来讲？咱们同学很厉害，一下子点到它的命脉了。很抓人，还有谁来讲？

生：一开始看《雷雨》的时候就是抱着试试的态度去看一下，但最后真的是沉进去了。因为这个故事很震撼，里面人物的关系就能给人一种共情的感觉。当你读这个事的时候，人物有不同的情感，自己就会有另一种情感带进去，去体会人物的那种愤怒、开心、难过，达到那种共情。

师：非常棒，和《雷雨》产生了共鸣，你和人物一起喜怒哀乐，到了这种震撼的地步。还有哪位同学来讲。

生：我一开始并不喜欢《雷雨》这部作品，因为我比较喜欢小说中的那种扣人心弦的描写，对于环境的渲染。而《雷雨》这部作品让我一步步地感受到这并不是一个剧本，这其实是一幅生动的画卷，它是这样深深地吸引着我，让我热爱话剧这个体裁。

师：太棒了，好，请坐。原来不喜欢剧本，因为读《雷雨》而喜欢上了话剧。你这是对曹禺的最高评价。为什么这么讲？因为一部作品而喜欢了一类作品。就像因为喜欢一个语文老师而喜欢上了学语文，这是我听到学生对我的最高评价。为什么你会这样，知道吗？我们过去并没有话剧这种体裁，我们有的是戏曲。你们看过《窦娥冤》《三堂会审》吗？我们叫戏曲，说唱。话剧是不唱的，都是说话。这是从西方引进的。我们讲中国的现代文学是从"五四"过来的，就像现代小说是从鲁迅手中成熟的。诗歌是从谁手中成熟的？

生：郭沫若。

师：对，郭沫若、徐志摩这一批。那么散文是在谁手中成熟的，是在鲁迅、周作人，周氏兄弟，当然还有朱自清等人。戏剧是在谁手中成熟的？

生：曹禺。

师：对，只有一个人，曹禺。有了曹禺，有了《雷雨》，中国的话剧就一下子成熟起来了。所以这位同学爱上《雷雨》、爱上话剧这是有原因的。它就是一个经典，再有咱们同学刚才谈了《雷雨》的这种震撼，我们来看一看它哪些地方是震撼的。大家一定要先想，戏剧和小说是不同的。不同在哪里？

生：首先小说它的环境是不断变化的，通过环境的不断变化来推动故事情节的发展，来渲染人物的心情。而读《雷雨》这种话剧，它的一幕戏中的背景是确定的，是在一个环境下发生的事情，通过人物的表现来展现人物内心的活动。它的推动方式有根本上的区别，并且小说刻画的是一个长时间段的事情，而话剧是截取某一个时间段，并且展开描写。通过一部分人物的神态，很细微的那种表情来表达人物的心理活动。

师：非常棒，这位同学说的小说可以不断变化环境，你们读小说就能感受到这些。它不断变化环境，而戏剧是舞台艺术，在舞台上演，你不能老折腾是吧。你换幕可以换一换场景，但你不能老折腾它，它就是地点、场景要简单，要统一。过去，西方戏剧有"三一律"，就是一个地点，时间不能跨度太大，时间一变化场景肯定要随着去变。戏剧也要统一时间，在一个时间，固定的时间。还有呢就是刚才这位同学讲了，故事情节，讲一个故事，小说就不完全是这样了。还有没有？刚才这位同学还讲了通过神态、神情来展示人物的内心世界。还有一个很重要的，知道是什么吗？

生：我觉得可能是戏剧没有很多的描写，需要人物来表现出来，需要有很多的对话。

师：非常棒，请坐。话剧，话剧，什么叫话，就是要有对话、旁白、独白，舞台语言，戏剧语言。当然了，它会有所交代，像舞台说明之类的。你们看《雷雨》的时候是不是看到了？要注意这些，这就是它们的不同。我们在读一本书的时候首先要知道它是小说还是戏剧还是诗歌，我们要分类，分清楚文类。你读一本就要学会读一类。你读《雷雨》就读了一类，读了戏剧这一类，所以要把握好这一点。当然了，还有，还有非常重要的，戏剧和小说。

生：阅读小说的时候是更多地了解它的故事情节，但是在读《雷雨》这部话剧的时候，我有一种要去演这部话剧的想法，想要充当其中的角色，那么读这段台词的时候我就会思考要带怎样的感情。以人物的背景去模仿角色人生的经历，去说那样的台词，用那样的语气，感觉会对它的理解更深。欣赏的时候，侧重它的人物的刻画、它表达的意义，而并不是单纯的故事情节。

师：很好，请坐。你已经到了一种艺术的欣赏了。想要去实地去演一演它。为什么，因为话剧就是一种舞台艺术。虽然咱们读的是剧本，但它肯定带有舞台艺术特色。还有一点，大家想一想，戏剧咱们还讲了它时间要比较集中，地点要比较统一，那么在方寸之间，时空非常小的限定条件下它要吸引人，它不是大片。咱们为什么喜欢看美国大片？因为它激烈，场景变换很复杂。戏剧不是这样，这是外部条件，客观条件限定了它，那么它要靠什么来吸引你？它不能靠灯光、特技表演来吸引你，那么它靠什么来吸引你？

生：语言。

师：当然有语言，小说也要靠语言，人物对话。那么还有吗？

生：故事情节。

师：故事情节要怎样吸引你？

生：波澜起伏。

师：波澜起伏，变化很快。这种波澜起伏是什么？

生：矛盾和冲突。

师：非常棒，矛盾冲突。一个环节要扣一个环节往前走，要是很拖沓，就没人愿看了。你们太棒了，你们把话剧最重要的特点全说出来了。我们读一本书首先要知道这些。我们来具体欣赏《雷雨》。大家看，《雷雨》发生在什么时间？

生：夏天的一个早晨。

师：对，早晨，那么结束呢？

生：半夜两点。

师：地点？场景变换。

生：周公馆的客厅。

师：非常好，周公馆的客厅。这是一个，还有吗？

生：鲁家的小套间。

师：是不是就这两个地方？这样变换场景比较容易。那么你再来看，集中在周公馆的是哪几幕？

生：第一，第二，第四。

师：小套间，鲁家的小套间也就是在第三幕。下面我们来看冲突。都有哪些人物？咱们一起来数一下好吗？

生：周朴园。

师：大声说。

生：周冲。周萍。

师：很好，继续。

生：蘩漪，四凤。

师：很好，继续。

生：鲁贵，侍萍，大海。

师：是不是八个有名字的，还有几个仆人。他们之间是什么关系呢？你想过没有，（师笑）啊，下面同学小声说，关系太乱了。

师：是不是就这些人物？看。什么关系？有的同学，面露喜色。高兴个啥劲啊？你高兴什么？

生：都是相亲相爱一家人。（生笑）

师：你这回答太绝了。相亲相爱一家人。（笑）我觉得有点不大对劲啊。你这相亲相爱一家人，这《雷雨》到最后是怎么发展的啊？有的同学也是面露喜色，不怀好意。（生笑）这位同学笑得最欢。

生：不知道说啥。

师：你看他们怎么相亲相爱一家人了啊？

生：就是侍萍和周朴园生了（生笑）鲁大海和周萍。然后周朴园就不要侍萍了，和鲁贵生了鲁四凤。

师：谁和鲁贵生了……你这个主语变换得也太快啊，我跟不上了。

生：就是鲁侍萍最后和鲁贵生了鲁四凤。

师：嗯，对，很好。

生：然后周朴园娶了周繁漪，和她生了周冲。

师：啊，对，很好！

生：应该没了吧？

师：就这些了是吧？那你肯定不会这么笑，你笑得很暧昧。（生笑）还有什么……不好意思说出来的？

生：啊……对对对。还有那个谁，还有那个，周萍和四凤就好上了。

师：周萍和四凤又好上了。啊，还有吗？

生：周冲也喜欢四凤。

师：啊，周冲还喜欢四凤。

生：形成一个三角恋。（生笑）

师：我可以原谅你们这种笑啊，年轻人，总是对这种三角恋比较感兴趣。来，继续……

生：对，后来那个周繁漪和周萍，他俩也有……之前也有一段恋情。

师：他俩是干吗的？

生：他俩……

师：首先说他俩是什么关系。

生：周繁漪是周萍的后母。然后，我也不知道是谁勾引谁。（大家笑）

师：那个……咱能不能不这么俗？（大家笑）这个，这个爱情总是美好的。要不然，不会有这种爱，是吧。就是谁先爱上谁，好吧？这样好不好？（大家笑）再有……

生：鲁侍萍后来又找到周朴园了。

师：啊，又找回来了。

生：然后，接下来的话，鲁大海就去找周朴园，然后被周朴园开除了。

师：被周朴园开除了，好，请坐。咱们同学分析的人物关系基本上出来了。当然了，咱们同学们没有点透。我相信，不是你不知道，而是你有所保留，含蓄，不好意思来讲。那么我给大家来展示一下吧。你看一眼。

(PPT 出示)

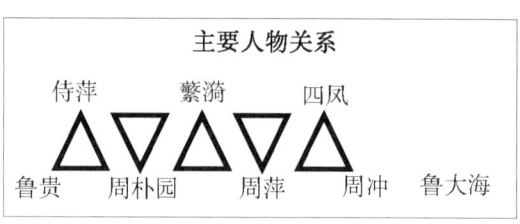

师：刚才我就听见同学说鲁大海，挺遗憾是吗？（大家笑）好像就是个打酱油的。在旁边的。但是，鲁大海这个人不能少，为什么不能少啊？你说他制造矛盾。哪个人不制造矛盾啊？好，这个问题，大家好好想想，为什么鲁大海不能少。好，没关系，咱可以再往后放一放啊。慢慢你就会知道为什么鲁大海不能少。别着急。读书，总是一个慢慢的过程。好，看出来了，五个三角形。为什么曹禺了不起啊？光能制造出这么多三角来就是个了不起的人。因为作品除了给幼儿园的小朋友看之外，给成人看的几乎没有不写爱情的。要想把爱情写得精彩，几乎没有不写三角的。要想把爱情写得非同凡响，一个三角不行，那就多写几个。我看到的能把两三组三角写好的几乎是没有的。你看看曹禺，短短的一部话剧，书很薄对不对，写了五个三角。而且写得游刃有余，风生水起，就我所及的范围，好像还没有人能比得上。你说这样的作家能不是大作家吗？把爱情写得那么好，对不对啊？当然不是讲美满就是好作品啊，我说的是文学作品啊，生活中不是这样子。我们现在是读书，是在欣赏艺术。他写得惊心动魄，而且不让我们感觉到很假。这就了不起啦。因为爱情能反映人，能折射整个社会。什么样的爱情观能折射整个社会呢？现在人们谈恋爱都是看房子票子车子是吧？这说明这个社会有点小问题啊。他能把三角写得那么好，他反映社会问题反映得深刻。他是怎么反映的，咱放到后面再来看。看到人物，说明什么问题啊？这个三角形关系，你只要动一个那么其他是不是要跟着动。一个三角的一个角在动，其他的就都跟着动了。这就叫矛盾冲突的剧烈。人物编织得好不好？要不你怎么这么愿看呢？对不对？好，下面我们来梳理一下矛盾，都有哪些矛盾冲突。这部剧一共写了几场戏？四幕没问题。几大场？我提醒大家一下，一个是过去发生的故事，一个是现在发生的故事。过去发生的故事，作者不是让两个人在这儿演，而是通过别人来叙述。再就是正在发生的故事，正在演的故事。我们来看过去的矛盾有哪些，谁来梳理过去的矛盾？

生：过去的就是，最早，鲁侍萍和周朴园他们两个有一段恋情，但是很悲惨。他们两个出身不同，最后导致鲁侍萍跳河，后来他们没有死，才引来了后面一系列的故事。

师：不是他们没有死，是她。对，很好。鲁侍萍跟周朴园之间三十年前的矛盾冲突。这是第一个。还有吗？

生：还有周萍和周繁漪，在过去的时候也有一段恋情。

师：有一段恋情。

生：但周萍最后是有一些后悔。因为他们两个的关系不允许他们有那样的关系。

师：繁漪和周萍之间的矛盾关系是吧？在剧本中被人们称为什么？非常好。闹鬼的故事（生说）是不是？好，这是过去的矛盾冲突。大家想，现在的矛盾冲突有哪些？

生：现在的矛盾冲突有周萍与周冲他们与四凤的恋情。他们之间有一定的冲突。鲁侍萍和周繁漪两者之间有冲突，因为周繁漪一直想着三十年前周朴园的恋人，虽然她一直不知道是侍萍。她心里是比较痛恨那个人的。

师：很好，这个同学非常会挖掘。因为戏剧中没有很清楚地表明周繁漪和侍萍之间的矛盾。但是这个同学就能挖掘到内心里面去。太好啦，继续。

生：鲁贵和繁漪之间也有冲突。他发现了周公馆的客厅里有鬼，所以说他两者之间也是有冲突的。

师：嗯，很棒。

生：还有周朴园和鲁大海之间有利益的冲突。鲁大海认为周朴园赚的是昧心钱，而周朴园觉得是利益至上，所以两者之间产生了冲突。

师：鲁大海是一个什么样的人啊？

生：鲁大海是一个刚直而又鲁莽的人。

师：他为什么会来到周家啊？

生：他领导的是工人的罢工。周朴园是反人道的。

师：周朴园是矿上的什么啊？

生：矿主。

师：董事长，很好。鲁大海是罢工工人的代表。我说的，你们明白了吗？这就是为什么必须有鲁大海。

生：是冲突的一部分。

师：对，他是冲突的一部分。还没有点到根上，没关系。这个先放着，继续。

生：还有……现在的繁漪，其实繁漪和四凤之间也是有冲突的。

师：嗯，嗯。

生：她们的冲突是通过周萍来建立的，因为周萍爱上了四凤，繁漪爱上了周萍，所以繁漪和四凤就有了冲突。

师：啊，对，非常好。繁漪和四凤就有了冲突，有了冲突之后才会出现什么啊？

生：嗯……出现……

师：想一想。

师：繁漪和四凤有了冲突，那把谁引进来啦？

生：把周萍。

师：周萍本来就在里面呢！对啦，把侍萍引进来啦，怎么引进来的？

生：嗯……那个……四凤跟繁漪之间有冲突，导致繁漪想要见四凤的母亲，也就是侍萍，想找她好好聊聊。

师：对，非常好，请坐。

师：那就把侍萍给引进来了，因为她俩有冲突，繁漪要让她把四凤接走，对吗？然后侍萍过来了，一过来不要紧了，天崩地裂了，对不对。你看，咱们同学分析得非常好。那还有没有冲突啊？

生：就是我觉得周冲和繁漪也有冲突，他们之间的冲突是四凤引起的，就是因为繁漪不是嫉妒四凤跟周萍的感情，周冲又喜欢四凤，身为周冲的母亲，因为蘩漪是想要阻挠他跟四凤的感情的。然后，再到后来，蘩漪为了周萍也说一些不想做他妈等这样的话，也是跟周冲有一些冲突，我感觉，让周冲心如死灰。

师：呵呵，心如死灰。好，请坐。对，蘩漪和周冲也有母子冲突，特别是到最后的时候，冲突就更厉害了，对吧，刚才点到了。还有冲突吗？

生：在剧中的第三幕，周冲与鲁大海也是有一定的冲突，然后也是在第二幕的时候，周萍与鲁大海也有冲突，然后是在第二幕的时候，周冲与周朴园也是有冲突。

师：嗯，嗯。很好。请坐。鲁大海和周萍有冲突，在第三幕，周冲去鲁家套房的时候，和大海之间的对话，是不是也产生了冲突。很好，还有吗？

生：我认为这个鲁贵跟许多人都有冲突。鲁贵是个心机很重的人，首先他跟侍萍是夫妻关系，觉得侍萍连累了他。他跟蘩漪的矛盾就是，他知道了蘩漪的老底，就是跟周萍的关系。他跟四凤的关系就是书中前面写的有点矛盾，他非常爱钱，经常跟四凤要钱。然后鲁贵跟鲁大海在书中后半段冲突非常大，鲁大海甚至想要杀鲁贵，拿枪指过鲁贵，我觉得鲁贵非常能惹事。

师：好，请坐，很好，刚才咱们同学们都是在谈周家这一家的冲突，当然和侍萍、四凤有冲突，忘了鲁贵，鲁贵也不是省油的灯，对吧。刚才这位同学就说得非常细致。

师：很好，还有同学想说吗？

生：我觉得周蘩漪和周萍之间也有，就是周萍一直觉得他父亲现在的妻子，也就是周繁漪她的神经有病，但是蘩漪一直觉得自己很正常，但是到了最后，可能也是因为受了刺激，再加上周萍一直对她的指责让她疯了。

师：就是蘩漪和周朴园之间有冲突，是吧？

生：对。

师：有压抑的冲突，压抑被压抑的冲突，对吧，很好，请坐。还有吗？

生：我觉得周冲和他的父亲周朴园的冲突也是很大的，首先，周冲是一个很有理想的男孩子，但是，他的父亲是一个传统的人，所以我觉得，周冲是周朴园的儿子，这本身就是一个最大的冲突。

师：嗯，很好，请坐。周冲和他父亲之间有冲突，父亲代表着一种权威，是吧，而且压制，儿子反抗，是一种冲突，还有吗？

师：没有啦？好，大家的梳理非常的细致，当然啦，冲突会表现在具体的情节中。咱们同学一直在分析人物，分析冲突。大家注意看着，（指向屏幕）这些人的冲突主要集中在哪里？有的同学说主要集中在爱情，爱情在哪里？有的同学说主要集中在周公馆，主要集中在家庭，对吧？为什么鲁大海这个人物不能少？为什么呀？

生：我觉得鲁大海是这个家里的一员，所以……而且这个矛盾基本上也算是鲁大海挑起的，也算是引发者之一。

师：好，请坐，他来周公馆并没有把侍萍带来，不是他带来的呀。

师：大家注意啊，因为什么原因周朴园把鲁贵辞了？是因为什么？

生：我觉得是因为侍萍，她要带着四凤走，蘩漪把鲁贵给辞了。

师：是蘩漪辞的四凤对吗？

生：对。

师：对，蘩漪辞的四凤，为什么蘩漪辞四凤？

生：因为四凤跟周萍之间有恋情。

师：对啦，情敌嘛。对不对，这个能搞明白吗？那么，为什么鲁大海不能少呢？

生：看了屏幕上的图之后，可以发现，除了鲁大海之外他们多多少少都有牵连，鲁大海跟谁都没有爱情关系，所以他就可以起到一个推动作用，他有什么作为的话，不会引起其他的连锁反应，所以，他就可以成为一个旁观者，可以推动整个剧情的发展。

师：他是个旁观者吗？嗯，大家一时想不明白也没事啊。好，咱们再放下，说明你们还没有到那个点。咱们来看，就说这些矛盾冲突聚集在一起，是吧，只要一个人变化，其他的人都在跟着变化，就像咱们刚才有同学说的，波澜起伏，一环扣一环。这就是它吸引你让你看下去的一大原因。

读一本书首先要有条理，它是怎么联系在一起的，人们讲《雷雨》这部剧，就像它的名字一样，《雷雨》。大家想一想，自然界的雷雨，它是怎样一个过程。我找同学来说一下整个过程，你想象一下，虽然雷雨已经过去了，咱们现在已经秋冬了。

生：雷雨开始的时候，有乌云一片片聚集在一起，然后空气开始变得闷热起来，然后，阳光被遮住后，随着闷热的过程，随着一声雷响，就开始倾盆大雨，这就是雷雨了。

师：这个同学讲的，一开始是闷热，乌云聚集，然后就开始下大雨，中间有没有别的环节？

生：就是先是闷热，然后是乌云，先是闪电然后打雷，雷一响之后开始下雨。

师：想象一下闪电的时候是什么样子的，你小时候怕吗？

生：怕。

师：为什么怕？

生：因为就是突然会黑，比如说，在特别明亮的房间，闪电时，整个房间都会暗下来，在那一瞬间你能看到闪着白光，窗外的风景会变得不一样，它们的轮廓会变得更加的清楚。

师：所有的小孩都害怕闪电打雷，像这《雷雨》，是写了一个雷雨之夜，外面不亮，闪电完之后雷还没有跟上来，整个外面都是什么？黑的，还有什么？在雷响之前整个世界都寂静了，为什么寂静？预示着什么？雷声要爆发，对吧。

师：好了，你看一看，这四幕它是怎么像雷雨一样，快，自己翻一翻书。

（生翻书）

师：这就有了象征意义，不是自然界的，乌云聚集，突然有闪电，有光。好，你来说。

生：第一幕的时候，是一个很闷热的早晨，然后就是雷雨之前，这天气就是会很闷热。然后到了第二幕，感觉暴风雨正在酝酿。已经有很多矛盾。等到第三幕的时候，下一点小雨，就可能有短暂的平静，但是很快矛盾就非常的大了。到第四幕的时候就开始下雨打雷。

师：到第四幕一开始爆发了没有？

生：一开始没有爆发。

师：一开始是什么样子的？

生：虽然下点雨，但还是很热很闷。冲突在酝酿。

师：好，这个同学请坐。这位同学说的第一、二幕就是乌云密集。你来讲第四幕开头是什么。

生：第四幕开头，一开始是只有周朴园在周公馆的客厅里待着，然后就是所有人都还没有上场，是一种寂静。

师：这时候周朴园的心情是什么？

生：一种寂寞的心情，然后突然有所感悟。

师：有所感悟。什么感悟？

生：就是有一种预料到会发生什么的感觉。

师：会觉得是不祥之兆。第四幕的一开始是一种寂静，就像雷雨来之前的那种静，打雷之前的那种静。到最后雷雨爆发了，也就是大家看到的。第一、二幕的时候是不是乌云聚集啊，哪里都能看到是乌云聚集的，慢慢慢慢都拢到周公馆来了。

生：第四幕刚开始只有周朴园一个人在书房，然后他做了一些举动。就比如说，想给济南寄钱之类的。然后就是人物不断出现，一个一个的人不断地来周公馆，然后就使这个矛盾一步步地加剧，使真相在一步步地清楚，最后也是由周朴园揭示了所有真相。暴雨来临，大家就都知道了，也为后面更激烈的情节，周萍那几个人的死亡做铺垫。

师：很好啊。这个地方是寂静的，第四幕的开头是寂静的，那么第一、二幕的乌云聚拢，怎么能看出来呢？乌云聚拢，它在为大雷雨做铺垫了。乌云聚拢在周公馆了。第一、二幕哪里能看出来，能看出来吗？

生：乌云聚拢在周公馆是代表人物的出现。鲁侍萍到达了周公馆，第一片乌云的聚拢，三十年前的恋情被揭开了；然后，鲁贵以为要被辞掉，所以说他想要反咬一口，来揭示周公馆有鬼的事实，周萍和周繁漪之间的这种不清不白的关系也就被揭示出来，第二片乌云就慢慢开始聚拢；然后四凤和周冲的关系也算是一片乌云，就这样，乌云慢慢地就聚起来。

师：很好，请坐，你看了吗？是不是就像一场雷雨的来临，慢慢慢慢地，到最后爆发。咱们要把整个剧情之间的衔接弄清楚，读整本的书要这样，整个剧要有个大体的梳理。

下面呢，刚才那位同学说了，他在读的过程中非常想演。大家想一下，如果咱们这课讲完了，你们回去可能要演这部剧，如果让你选择一幕来演，因为都演下来时间会很长。如果选择一幕来演，你会选哪一幕，为什么？或者选一幕中的某个场面来演也可以，你会选哪一个场面来演，为什么？想一下，可以翻书。谁来说？这位男同学很有风度。

（此时有多位同学举手，一位男同学让女同学先说）

生：我会选第二幕。就是鲁侍萍和周朴园的那一段，我觉得这一幕非常的讽刺，而且很明显能表现出周朴园他那种很伪善很虚伪的性格特点。他之前刚刚见到鲁侍萍的时候，还在说他这些年一直保持了关窗的习惯，心中想着鲁侍萍有他俩之间的那个情分，但是他后面想到有可能鲁侍萍是来敲诈他的，就直接翻脸。我就觉得他是一个非常伪善非常虚伪的人。我觉得这一幕就是表现得特别明显。

师：你会选择第二幕。

生：对。

师：周朴园和鲁侍萍的见面，表现周朴园的伪善。好请坐。那么咱们就一起跟着这个同学来说说这一幕。

生：我认为我所选的这段就是鲁侍萍和周朴园相认，一直到鲁大海被周朴园赶走这段。因为我觉得鲁侍萍和周朴园由不相识，然后慢慢地到就像雷雨一样的，先慢慢积累，到最后有一个爆发的高潮点，并且这个高潮点，既包含了他们之间恋情的冲突，又有和鲁大海就是工人与董事长之间的利益的冲突。这是《雷雨》的主要的两个冲突。我认为这一幕是整个《雷雨》中的精华，它其实就是一部小的《雷雨》。整个的情节跟《雷雨》的主线是相符合的。

师：好，请坐。这位同学，他认为这一幕是整个这一部剧的精华。由乌云聚集到最后的爆发。当然又把鲁大海也演进来了，咱们课本的这一部分是想展现这种矛盾冲突。当然，矛盾冲突肯定要刻画人物。来，最想演剧的这位同学。

生：我选第二幕。其实比较吸引我的一点，就是周萍打鲁大海的这幕。因为这一幕可能演起来会比较激烈，还有就是周朴园比较生气的一次，就是在鲁大海揭周朴园之前干过的事情，说他淹死一个小工拿多少钱的时候。鲁大海其实是他的儿子,其实他已经知道了,他的儿子直接揭发他内心深处埋藏的罪恶,之前犯过这些罪恶。他只能是说你不要再说了,而没法说去教导他,或者是和他进行一些交流。再就是周萍打鲁大海的时候,一个儿子打另一个儿子。而且是那种上对下的打,这对周朴园其实是种煎熬,但是利益还是压在亲情上面。

师:很好,请坐。他认为这一段,肢体语言比较丰富。暴力,还有对周朴园这个人物的内心的展示比较丰富,尤其是父子之间的这种关系。

生:我认为这一段是矛盾的集中之处,充分体现了五个三角形的混乱程度。五个三角形在这一幕当中都有体现。隐隐约约表达了一部分,而且非常考验演员的台词功底,人物内心的刻画十分细致。因为这个时候人物内心出现了矛盾,人物与人物之间有矛盾,就整个事情在第二幕的时候矛盾是比较集中的。它不同于第三幕是一个小家庭与另外一个人的冲突,也不同于第四幕是矛盾的直接爆发。它给人留下了一部分的回忆,同时也与前文的矛盾进行了一定的联系。所以我喜欢第二幕的原因就在这儿。

师:很好,第二幕把三十年前的冲突勾回来,它实际是把过去和现在连在了一起,展示了人物内心的冲突或煎熬,还有吗?

生:相隔三十年之后,周朴园和鲁侍萍相认,因为周朴园一直以为鲁侍萍死了,在家里面摆那么多东西,就是伪善,他这个人感情爆发了之后就很吸引人。

师:为什么?

(生思考)

师:你觉得周朴园伪善吗?

生:他认鲁侍萍的时候,他们两个对话的时候,感觉他还挺真的呃。

师:哪个地方伪善呢?

生:他以为鲁侍萍过来是跟他要钱、要孩子时。

师:这是伪善吗?

生:不是。

师:对啊,那哪里说明他伪善了?

生:就是他刚才说的……

师：大家一起来想，周朴园在这一幕中，到底伪善不伪善？他和鲁侍萍相认，相识，以及他们三十年前的事情，伪善吗？好，请坐，这位很爱笑的同学你来说一下，伪善吗？

生：我认为这里周朴园并不伪善。

师：为什么？

生：因为我感觉到他应该认识到自己之前对鲁侍萍做的一些事情，他感觉自己做错了，他想弥补一下，弥补鲁侍萍也就是弥补自己内心的罪过，让自己好受些，所以这里就是很正常的一幕，不觉得特别伪善。因为旁边没有人，他没必要做给别人看。

师：很好，请坐！你如何解释？

生：我觉他就是应该对自己掩饰吧！我还是觉得他非常虚伪。他自己内心过意不去，所以才对侍萍说他还一直想着她好，想弥补她。他保留着那个当年生孩子时不能开窗户的习惯，这么多年一直保留着。

师：这里能看出他的伪善吗？

生：好像也不能。

师：对啊！好像也不能。咱们同学想想，周朴园伪善吗？

生：就是我觉得周朴园他不是很伪善。我觉得周朴园和侍萍应该是那种真爱，因为年轻的时候毕竟相爱，到老了还可以爱一辈子。而且第四幕的时候他被周繁漪叫下来发生冲突时，第一眼看到侍萍的时候，反应是侍萍你又回来了，既然你回来了，那就不要走了，那就在家里我们一起好好过日子。有这么一段。

师：这是你那个版本。

生：真有……

师：真有？

生：真有，我找一下，就是周朴园说的。

师：我没看到这种版本啊。

生：周朴园说你来了就不要走了，就是那个意思吧。我觉得他就是真爱，而且我觉得他既然做到董事长这个位置，内心其实很空虚很寂寞，感觉他自己的儿子也不是和他很亲近，包括繁漪不是很爱他，他也不爱周繁漪，他喜欢的是侍萍。

师：对，他喜欢的是侍萍，但我的那个版本，他真的没有把侍萍留下来一块儿好好过日子。你们的版本也有吗？

生：我找到了，念一下，周朴园悔恨地说："你也会回来的。"侍萍说："不……"周朴园又说："你不用再问我，他就是萍儿的母亲，三十年前死的。"这一块儿我感觉一点……

师：哦！我明白了，知道他为什么理解成那个样子了吗？哪一句话让他理解成这个意思了？

生：我想你也会回来的。

师：我想你，回来的。我想，你会回来的。

生：明白了。

师：你明白了，你说周朴园伪善吗？

生：周朴园有点儿伪善。

师：为什么有点儿？

生：他可能觉得侍萍回来就是勒索他，找他麻烦的。

师：哦，找他麻烦的。伪善吗？

生：有点儿。

师：如果是你的话你会怎么办？

生：我没经历过这种事，如果我内心爱她的话，我还是会接受她。但是不爱她的话，就想打发她走。

师：咱再推想下，如果你的父亲有这么一段感情，你觉得你父亲会怎么办？

生：我爸会打发她走。

师：为什么会打发她走？

生：因为自己的小日子已经过得很好了，她再回来就会带来不好的影响。会让四凤周萍这四个孩子他们的关系……

师：你觉得如果你父亲接受了鲁侍萍，你的小日子还会安静吗？

生：那就不会了。

师：刚才你说你有可能会把她留下来，你考虑这个问题了吗？

生：也许我的经验还是不足吧。

师：你会说你父亲伪善吗？

生：不伪善。

师：那为什么你说周朴园伪善呢？

生：那就不伪善了。

师：为什么？

生：感觉做事不是很厚道，但这也是情理之中的事。

师：这个问题很难解决。对吗？读文学作品我们要思考，怎么读文学作品，大家知道了吗？要把自己降下来，降到人的位置上来，你现在不是一个道德至上者，我们就是个普通人、正常人，文学就是揭示人性，不是为了表彰什么，不是宣传。你要降下来了，你就理解周朴园了，你就不会随意给他贴标签了。你看这位同学，如果是他父亲，他就不会说他伪善了，可以理解，对吗？你父亲会给侍萍五千块钱吗，肯定会的。有的同学就说了，给她钱，只认钱，不认人了，认了人就会出麻烦了，对不对？我们一定要设身处地去想，所以他才会有30年摆这个，弄那个，还记得吗？窗户要关着的，为什么关着，你说伪善吗？

生：不伪善。

师：为什么不伪善？

生：因为他30年一直这样做，如果一直装的话，太累了。

师：非常好，要那样的话，就太累了。他有必要装吗，没有必要装。咱们讲做一件好事不难，难的是天天做，做一辈子好事。周朴园也是这样子。那么大家想想，为什么周朴园会天天弄这个这么累的去做呢？

生：后悔。

师：后悔什么呢？

生：后悔当年把鲁侍萍赶走。

生：我认为不是他赶，两个人的出身不一样，身份不一样，他们两个其实还是很恩爱的，因为周朴园的家庭。

师：文章怎么说的，剧本怎么讲的？谁赶走鲁侍萍的？

生：是周朴园的母亲赶走的，"是你们家的老太太看着孩子快死了才把我

123

们赶出去的"。

师：为什么要把侍萍赶出去呢？是你们为了让我娶一个有钱有门第的小姐做夫人。是你们，而不是周朴园，当然周朴园也是其中之一，但不是他自己赶走的，周朴园那时候多大岁数？想一想，推一下。

生：二十四五岁。

师：对，二十四五岁，大家想一想，他在家庭中的地位是什么样子的？对，少爷。

生：说话不算数。

师：你怎么知道他说话不算数，你怎么知道他年龄小就不算数，从哪里能推想出来？

生：他现在的样子。

师：谁是他现在的样子？

生：我认为周萍是周朴园的一个缩影，当时周朴园二十四五岁，现在周萍也在这个年龄，周萍在家里没有特别多的话语权，都是周朴园一个人说了算，其中尤其是在喝药的那个情景下，非常清楚地说明周朴园对这个家庭的一种控制，就是一种绝对的掌控，一种霸权，然后可以回想至当时的那个周朴园也是没有什么话语权，他只能听从他父亲的命令听从他母亲的命令，他没有太多的选择。

师：今天的周萍就是三十年前的周朴园，从原生家庭看，我们就推想出当时周朴园的情况了。鲁侍萍可以留下来吗？绝对不可以，为什么绝对不可以？阶级不同，是吗？你看过《红楼梦》吗？知道有一个袭人吗？袭人是谁？

生：下人。

师：还是什么？

生：妾。

师：懂得还挺多，地位不同，下人做了妾，能在宝玉身边吗？可以不可以？可以，萍儿不也是这样子吗，是贾琏的妾，对不对。我们推想，侍萍可以留下来吗？

生：应该也可以。

师：对，做妾就好了，但是什么？

生：但是鲁侍萍不是周朴园父母指定的，是他自己找的。

师：不，都生了孩子了，还用指定吗，事实婚姻了。好了，请坐，想想侍萍为什么不留下来，不要去凭空想象，要看这篇文章中侍萍所表现出的性格，才能推想她的命运，对不对？

生：首先，侍萍是一个受过教育的女人，我觉得她可能是不愿意当妾。她的性格是比较敢爱敢恨的，要不然她也不会投江自杀，所以她肯定不会想做妾这样一个身份，而且她也不想再和周朴园有任何的牵连。在后面也可以看出来，她是一点儿也不留恋周朴园了。

师：不留恋周朴园了？"朴园，你想见侍萍吗，侍萍在这儿。"

生：就是变成了对周朴园的恨。

师："眼里充满了泪"，刚才这个同学说了一点就是侍萍是个受过教育的人，而且不屈于这种妾的地位，这是重要的。后面其实也是有很多地方可以看出。刚才有个同学说什么，侍萍是？

生：要脸的。

师：很好，侍萍是要脸的。要脸是什么呀？

生：她有尊严。

师：有尊严。

生：既然当时他们家里人把她赶出来，她就不要回去了。

师：她是有尊严的，对吧？（学生附和）很好，请坐。不屈服的，要一种平等的地位，可见这个侍萍太高贵了，对不对呀？与之相对应的是一个人物，蘩漪。蘩漪是怎么对待爱情的？

生：蘩漪对周萍就是死缠烂打，死活不让他离开。

师：你说的有点儿太赤裸裸了，死缠烂打从哪里能看出来？

生：她先是想个方法让鲁侍萍把四凤带走，后来没带走，她又自己找周萍求他留下，周萍软硬不吃死活要走，最后没办法，只能把周朴园叫来。

师：她在让周萍带她走的时候有没有让步呀？这个蘩漪。

生：有让步。

师：哪里？

生：就是一开始，先不让他走，他非要走，然后她就说你带四凤走也没事儿，只要我能跟你一块儿走。

师：看出她和侍萍之间的区别。就是说连爱情都可以和别人分享了。好，请坐。你看繁漪这个人物，真的，哎呀……是个怎样的人物？

生：令人怜悯，就是被周萍伤过，仍然坚持着她所向往的那种爱情，但是周萍对于繁漪就是那种不耐烦，因为他的心里已经有了四凤，而且他跟繁漪之间的关系是不被允许的，繁漪爱上了一个不该爱的人。

师：很好，还是这么爱着，繁漪真的爱得那么彻底，爱得轰轰烈烈，是不是？但是有一个人配她这么爱吗？有没有？周朴园配她这么爱吗？

生：不配。

师：哎，对了，所以大家要注意繁漪这个人物，当然咱们一节课不可能讲好多，但是课下要好好去琢磨琢磨繁漪这个人物，就是我们在分析人物的时候，可以怎么样啊？我们在分析侍萍的时候就可以把她和繁漪进行对比，这是分析人物的一种方法。好，这是这一幕，还有没有别的同学？（学生举手）你会演哪一幕？

生：让我演的话，我记得有一个场景就是周萍半夜摸到鲁家，这是想要和四凤约会。我觉得如果我演的话就是有这么一段比较吸引观众。（师生大笑）然后可以一直演到后边鲁大海和鲁侍萍发现了他们两个在那个房间里。然后就追出去，直到鲁大海和周萍在周公馆的一段对白。就可以演这么一段，感觉既有吸引人的地方，同时周萍的身世包括他的人设、态度还有他之前做的那些后悔的事，都可以说出来。

师：就把周萍的整个心理过程演出来了，对吧。

生：对，演得比较多。

师：非常好，周萍是一个非常难把握的角色，但他在这一幕剧中，展现得还是非常的清晰，对吧。还有没有想演别的呢？

生：我觉得如果我演的话，我会表演周朴园逼迫繁漪去喝药那一段。因为我觉得那一段很清晰地体现出了周朴园在整个家里的地位，就是位于整个周家之上的。他有权力去控制周家的任何一个人。我觉得这一段很精彩。

师：嗯，很好。这一段还有其他能挖掘的吗？（学生沉默）还有没有其他同学想演这段？

好，那位女同学，还有没有其他同学想演这一段？那么咱们来一起演一下这一段。谁来演周朴园？来你们两个来挑一下演员吧，周萍、繁漪、周冲、周朴园，谁来？快挑挑同学，看谁比较合适，或者自荐。应该在第68页。
(学生举手表演，分配角色)

(生表演)

周朴园："四凤你先等一等，叫你给太太煎的药呢？"四凤："煎好了。"周朴园："为什么不拿来？"繁漪："她刚才给我倒来了，我没有喝。"周朴园："什么？药呢？"繁漪："倒了，我叫四凤倒了。"周朴园："倒了？哦，倒了，药还有吗？"四凤："药罐里还有一点。"周朴园："倒了来。"繁漪："我不愿喝这种苦东西。"周朴园："倒了来。"周冲："爸，妈不愿意，何必这样强迫呢？"周朴园："你同你母亲都不知道自己病在哪儿，你喝了就会完全好的，送到太太那里去。"繁漪："好，先放在这儿。"周朴园："不，你现在最好喝了它。"繁漪："四凤，你把它拿走。"周朴园："喝了它，不要任性。当着这么大的孩子。"繁漪："我不想喝。"周朴园："冲儿，你把药端到母亲面前去。"周冲："爸。"周朴园："去，说请母亲喝。"周冲："爸，您不要这样。"周朴园："我要你说。"周萍："听父亲的话吧，父亲的脾气你是知道的。"周冲："您喝吧，为我喝一点吗，要不然父亲的气是不会消的。"繁漪："哦，留着我晚上喝不成吗？"周朴园："繁漪，当母亲的人，处处应当替孩子着想，就是自己不保重身体，也应该替孩子做个服从的榜样。"繁漪："哦，不，我喝不下。"周朴园："萍儿，劝你母亲喝下去。"周萍："爸……"周朴园："跪下，叫你跪下。"繁漪："我喝，我现在喝，哦。"周朴园："还有三分钟，你刚才说的是什么？"周冲："额，什么？"周朴园："你说，你把你的学费分出一部分，是怎么样？"周冲："我现在没有什么事情了。"周朴园："真的没有什么新鲜的问题了吗？"周冲："没有什么了，妈的话是对的。"周朴园："冲儿到哪儿去？"周冲："到楼上去看看妈。"周朴园："就这么跑了吗？"周朴园："是，爸，我要走了，您有事儿吩咐吗？"周朴园："去吧，回来。"周冲："爸爸。"周朴园："告诉你的母亲，说我已经请了德国的克大夫来给她看病。"周冲："妈不是已经吃了您的药吗？"周朴园："我看你的母亲精神有点失常，病得像是不轻，我看你也是一样的。"周萍："爸，我想下去歇一会儿。"周朴园:"不,你不要走,我还有话要跟你说,你告诉她,克大夫是个有名的脑病专家,我在德国认识的,来了叫她一定看一看,听见了没有?"周冲:"听见了,没有事儿啦?"周朴园:"上去吧。"

师:非常棒,好,刚才咱们简短演了一遍。大家看这段矛盾冲突是不是非常剧烈?就像刚才这位同学所讲的,周朴园在家庭的控制欲展现无疑,但是我在一个地方有点疑问,就是在冲儿让蘩漪喝药的时候,你不喝,那为什么周萍让你喝药的时候你就喝了呢?

生:因为周萍是我所喜欢的人。

师:他让你喝你就喝呀?他哪个动作想让你喝?

生:他要跪下。

师:为什么他跪下你就要喝?

生:他会受辱,蘩漪不忍心自己爱的人这样。

师:请坐,回答得非常好,这就是曹禺所表现的人物,非常短的这么一个小片段,他把这几个人物穿插在一起,对人物的心理拿捏得多好。这个萍儿还没有下跪将要下跪时,蘩漪就把药喝了。看到了吗,这就是说作家对于语言的这种驾驭能力和对人物的掌控能力非常好。咱们的学习时间有限,不可能让每个同学都去说说你要演哪一个片段。但是段段都有精彩,人物展现得很饱满。我不知道大家想过没有,这部剧中性格最单一的是谁?

生:周冲。

师:最单一的是周冲。这个人物可以删掉吗?为什么?是不是塑造得比较失败?像周朴园刚才咱们探讨过,很矛盾是吧,很复杂。那么周冲这个人可以删掉吗。为什么不能?有了他,这个剧有什么好的地方?

生:他是一开始很单纯,但是经过倒药这一段之后,他就逐渐意识到父亲对这个家庭的控制。然后到最后他还是依然怀着美梦,然后把四凤让给了周萍。就是很单纯的一个存在,更可以衬托出整个家庭的阴暗,然后还有阴沉。

师:太好了。说得非常好,大家知道周冲演戏的时候,他的着装是什么吗。

生:白西服。

师：很好，白西服，他是一个什么样的人啊？

生：天使。

师：太好了，就像一个天使一样。他是活在哪里的？是活在现实中的吗？他是活在理想中的。他在第三幕的时候有一段，是什么样子的？

生：我记得就是当时他对四凤说，要带她走，然后有海滩，就是一个很美好的一个人间仙境的感觉，他是一个活在梦想里的小孩儿，他还没有长大。文中他说："忘了家，忘了你，忘了母亲，并且忘了我自己，我想我像是在一个冬天的早晨，非常明亮的天空在无边的海上，哦，有一条轻得像海燕似的小帆船，在海风吹得紧，海上的空气闻得出有点腥有点咸的时候，白色帆张得满满的，像一只鹰的翅膀斜贴在海面上飞，飞，向天边飞。"就是一副非常闲适的样子，他就想逃脱出这个罪恶的家庭，就是他不想沾染这些罪恶的事情，他只想安安静静地活着。

师：他在干吗？

生：描绘自己的理想。

师：对，描绘自己的理想，他在做梦，他在哪里做的梦？他在哪里说的这段话？在鲁家的小套间里。还记得作者怎么描写鲁家的这个生活环境吗，他周围是什么，还记得不记得那一段？

生：池塘。

师：对，池塘，是什么样的池塘？小水洼，肮脏的池塘，是不是形成一个鲜明的对比。周冲就是一个小天使，像你们所讲的是个小天使啊，《雷雨》整部剧给我们是一个什么样的感觉？

生：压抑。

师：对，压抑，阴霾，但是有了周冲，这个剧怎么样？有了光，有了亮，这部剧就上了一个层次，不是一个泥潭。我们再来看鲁大海。刚才讲了鲁大海为什么不能拿掉，鲁大海性格也是很单一的，对吧？不像文中的其他人那么饱满。那为什么鲁大海不能删掉？我们一起来看，其他人的矛盾冲突，都是聚集在爱情、家庭，对吗？

生：鲁大海这个就不是爱情，他是事业。

生：我觉得他是代表当时的工人阶级，他与以周朴园为代表的资产阶级形成阶级冲突。

师：这部剧已经不仅仅是一个家庭的剧了，到了社会层次去了，对不对？还有，同学想想这个四凤重复的是谁的故事？

生：侍萍的故事。

师：周萍重复谁的故事？

生：周朴园。

师：相同的故事。他为什么要这样写？

生：就是可能这种封建家庭这种观念是不易改变的，一代传一代，周萍可能就是下一任的周朴园。而且周萍的儿子可能以后还会像他。

师：这位同学说得很好，虽然是个巧合，但整部剧都充满了巧合对不对？但是它就给我们一种感觉，它已经不是一种偶然，它有着社会的必然。它指向一种普遍性，展现的是这个社会。要注意，我们读剧的时候，要想一想矛盾。到最后没有办法，整个都毁灭了，死了三个，疯了两位。这样就剧终了，对不对。为什么只能以这种结果来结局呢？为什么不能大团圆呢？我们现在多难受。该死的不死，不该死的都死了。年轻人多无辜，矛盾能解决吗？

生：我觉得解决不了。我觉得要讽刺当时社会。

师：我只是问你能解决吗？为什么解决不了？

生：不能解决，因为人物关系非常复杂。

师：你觉得解决不了，很好，大家看侍萍和周朴园他俩的矛盾能解决吗？

生：我觉得这个关系可能会解决。但是以后会有点复杂。

师：他们两个在当时的社会是一种主仆的一种错位。不该恋，恋上了，当然，作为爱情来讲应该的，但是在那个社会，它就是不应该的事。错位了，这是社会的错位，社会关系错位。那么你说的复杂，可能我估计你是想象繁漪和周萍之间的矛盾，他俩能解决吗，他俩是什么矛盾的错位？

生：继母和孩子。

师：这叫家庭伦理的错位。他俩能解决吗？

生：我觉得解决不了。

师：解决不了？

生：解决了。

师：到底能不能解决。

生：能解决。因为我觉得这件事只要蘩漪不要再纠缠就行。

师：就可以解决了，是吧。那么周萍如果还爱着蘩漪，可以解决吗？

生：这个解决不了。

师：谁说的，他们两个可以私奔的。

生：那就违背了伦理道德的关系。

师：违背了伦理和道德的关系。当然了，你可以做先驱者，为了爱情不顾这个。

生：这个不行。

师：好，这个问题就留给先驱者去解决。我们再来看。周萍和四凤的这种结果能解决吗？

生：这个也是伦理的关系，因为到最后说他们都是侍萍的孩子。

师：这不光是伦理的关系了，这是什么关系？

生：血缘关系。

师：对，血缘关系。这个能解决吗？

生：不能解决。

师：回答得很好，不能解决。这就是个死结。只能够如此了，所以悲剧只能如此了。大家看完之后心情如何？

生：压抑。

师：压抑对吧，很压抑，很难受，但是你看到没有，有一个序幕，有一个尾声。读完这个尾声，你是什么感受？他为什么要安排个尾声啊？你读完尾声之后什么心情。它是发生在哪里？

生：原来的周家，现在的医院。

师：什么医院？

生：教会医院。

师：最后那个人她拿的是什么呀？

生：《圣经》。

师：对，《圣经》。怎么啦，为什么要拿《圣经》啊？给你一点舒缓，稍微解脱一下，这样就不让整个剧给你过大的压抑。好了，这部剧可说的地方太多了，我们只窥探了一点皮毛而已，希望大家回去再来好好看。还想再看一遍吗？

生：想。

师：好的，今天就到这里，谢谢同学们。

· 听课回响 ·

"三角"巧析《雷雨》　"三味"惊艳课堂

黑龙江省哈尔滨市第八十一中学校　果荣吉

曹禺曾说过："我初次有了《雷雨》一个模糊的影像的时候，逗起我的兴趣的，只是一两段情节，几个人物，一种复杂而又原始的情绪。"而王岱老师在这节课的起首，仅仅举重若轻地以"一两段情节，几个人物，一种复杂而又原始的情绪"，就不知不觉地将我们引入了《雷雨》，牵入了课堂，沉进了语文里。

只要听过王岱老师这节《雷雨》"经典今读"整本阅读课的人，都会对"三角形"这个图形有了新的体悟。三角形象征着稳定，尖锐，不可调和，矛盾的角力……是一种非常具有个性的奇特图案。由于它具有尖锐、激进的特点，因此也就象征了一种进取和力量，反映在人的心理上，就指不按常理出牌，独树一帜，代表了新的思想和决绝的行为。

王岱老师不按常理出牌地呈现了这一节整本书阅读课，用代表矛盾的"五个三角形"巧妙地诠释着剧中尖锐的人物冲突，将曹禺以爱情、伦理、人性三角为支撑的这部《雷雨》诠释得淋漓尽致，惊艳了语文的课堂。教学兴趣点切入之巧妙，整书矛盾点把握之奇思，让人不由拍案叫绝！甚至于我在听过这节课后的相当长的一段时间里，只要看到三角形，就想起王岱老师的这节课。时隔多日，再细品王岱老师的这节课，仍能品出许多值得借鉴之处。

1. 王岱老师以"读""析""演"为三角、以"初读印象""人物关系"

"选择表演"为三边构建的"三角形"问题设置，撑起一节弥漫着读书味的阅读课。

当伦理遭遇爱情，当爱情被套上亲情厚重的枷锁，这个三角何解？身处其中之人究竟该如何抉择，如何取舍？鲁迅曾说："文学是人类精神的灯火。"王岱老师在这节课上，抛出的问题好比一盏三角形的星火明灯，一步步指引着学生走进《雷雨》的那个看不到光亮的夜晚。

上课伊始，王岱老师提问：读完《雷雨》之后你是怎样的感觉？

接着由戏剧的特点引出人物关系的品析，并以"五个三角形"巧妙地定位了八个人物之间复杂的关系。

然后深入引导学生思考："如果让你选择一幕来演，你会选哪一幕，为什么？或者选一幕中的某个场景来演，你会选哪一个场景来演，为什么？"

最妙的是在课堂即将结束时神来一笔："这部剧可说的地方太多了，我们只窥探了一点皮毛而已，希望大家回去再来好好看。还想再看一遍吗？"这让课又回归到上课伊始的"读"的那个角，完美地形成一个闭合的三角形。

这样的一部话剧名作，短短的一节课如何能读完，当然还需课下再去含英咀华地阅读。而王岱老师的这节阅读课成功点燃了学生阅读经典的导火索，当学生主动读书的思想火花飞溅的那一刻，才是阅读课的成功之所在。

听了王岱老师的课，我对语文阅读教学有了全新的感受，复杂的感受汇聚成一句话：在课堂中，睿智的教师可以变成神，可以携着学生们的手去世界上任何一个地方，只要我们抓住经典名著的经脉，就可以与学生沿着它游走于书中的任意一处。

2. 王岱老师以"共情""共鸣""共读"为三角、以"以情换情""人随情动""唤醒文魂"为三边构建的"三角形"课堂结构，撑起一节散发着语文味的阅读课。

总有一种感情，会让我们泪流满面；总有一段经历，会让我们心潮澎湃。然而一个故事，一个注定没有结局的故事，它所包含的爱恨情仇与纠葛，却让所有的人心为之一颤。三十年的漫漫时光，三十年的处心积虑，终于在一场雷雨中轰然落幕。面对跨越三十年的爱恨纠葛，如何披文入情，唤醒文字中沉睡的灵魂呢？

首先请看王岱老师与学生的一段精彩对话：

师：非常好，她说《雷雨》能抓住人，这是文学，特别是小说，特别是戏剧的一大特点。为什么这么讲呢？看小说我们不愿看了可以扔了，放一边，过后两年再看没问题。但是如果一个戏剧在舞台上来演，你抓不住人的话后果很严重，人都跑了。谁再来讲？咱们同学很厉害，一下子点到它的命脉了。很抓人，还有谁来讲？

生：一开始看《雷雨》的时候就是想抱着试试的态度去看一下，但最后真的是沉进去了。因为这个故事很震撼，里面人物的关系就能给人一种共情的感觉。你读这个故事的时候，人物有不同的情感，自己就会有另一种情感带进去，去体会人物的那种愤怒、开心、难过，达到那种共情。

师：非常棒，和《雷雨》产生了共鸣，你和人物一起来喜怒哀乐，已经到了这种震撼的地步。

这是正式上课后，王老师在带领学生共读《雷雨》交流初读时的印象，在学生达到与文中人物"共情"和作者产生"共鸣"后，选取了故事主要人物关系和矛盾冲突这个切入点进行师生共读，把八个主要人物之间的关系用五个"三角形"连接起来，使学生在分析时更直观地体会矛盾冲突的强烈，从而体会戏剧这个最显著的文体特点。学生人随情动，试着用心品析文中人物的言行举止中透露出的爱恨情仇，试着从字里行间去窥探曹禺创作背后的复杂心绪。

雷雨过去了，等待彩虹的出现，人们在希冀中企盼着，企盼着……王岱老师用五个三角形，代入了人物的言行举止的品析，带领我们走完了一场三十年的悲哀。王岱老师用她高明的引，巧妙的诱，唤醒了学生情感的共鸣，照亮了学生迷惘的读书路，思绪的阻塞谷，带领学生走向豁然开朗的求知路。

3. 王岱老师以"师之教""生之学""文之美"为三角、以"经典今读""经典精读""经典类读"为三边构建的"三角形"教学理念，撑起一节流转着人文味的阅读课。

王岱老师充分尊重文本，尊重学生阅读体验，教以学生与文本平等对话的态度，促进学习的真正发生。先用轻松愉悦的话语帮助学生卸下紧张的情绪，以放松的心态进入经典的学习。在学生理解有困难的时候，王老师展现精湛的教学艺术，回归文本，引导学生展开想象，分角色演绎，直观感受角色冲突，提醒学生阅读经典时要把自己降下来，不要站在道德制高点品读角色。学生的思维在王岱老师的牵引下竞相碰撞的浪花,思想奔涌迸溅,思绪澎湃不止。

王岱老师的语言不是最华丽的,王岱老师的感情不是最激昂的,但就是这样轻吟浅唱般地娓娓道来,轻轻地叩响学生的心门,让学生不自觉地紧随其上,或读,或品,或论,或议,好不酣畅!

王岱老师引领学生在课堂中汲取书中的营养,学生在书中幻化的世界里渐渐成长。每一个学生都是裹于顽石中的璞玉,而王岱老师像一位工匠一样,如潺潺的清泉,于无声无息之间磨去璞玉外面包裹的顽石的外衣,让学生放射出他们独特的光芒。

这是一节纯粹的人文阅读课堂,王岱老师用絮絮的低语,如清泉流过学生的心间,叮叮咚咚,悦耳润心。王岱老师的这节语文阅读教学,体现了语文教育的传承功效。这种传承,不是简单的一节阅读课的精彩呈现,而是通过这一节课中一个片段的解读,让学生爱上《雷雨》这一本书,进而爱上了戏剧文学。

教师课下数年功,支撑起一课经典今读;学子读书十年苦,支撑起一朝天下扬名。王岱老师让我深刻领悟经典阅读的任重道远,我们唯有稳固好由师者之责任、教学之精研、语文之根本这三个教育立足点构建的"三角形",才能用它去支撑起未来语文教学的一方更为高远的天空。

回归文本,贴近人性

山东师范大学　袁亚飞

教育的内在价值在于追求人的全面自由发展,追求个性的不断完善,而不是一味地"程式化"训练。而"程式化"教学弊端频现的今天,从教二十余年的王岱老师用她一以贯之的坚守给我们带来了一堂贴近人性的阅读教学课。王老师选择了《雷雨》进行"整本书阅读"教学。1941年,叶圣陶先生在《论中学国文课程的改订》中提到"把整本的书作主体,把单篇短章作辅佐",这是叶老第一次明确提出要读整本书。而如今对"整本书阅读"的重视,已经成为语文教改背景下的一种趋势,也是语文教育的一种"回归"。《雷雨》作为话剧剧本,又不同于一般的整本书阅读体裁,其人物、情节的复杂与交错,使学生在阅读之时不免有困惑矛盾之处。王老师的高明则在于,弱水三千,只取一瓢饮,循序渐进地引导学生学有所得,同时也让我接受了一场精神的洗礼。

一、尊重学生学习节奏——"暂时放一下"

鉴于文本体裁的特殊性,王老师让学生通过对比话剧与小说的不同,使学生了解话剧在制造激烈矛盾冲突与营造错综复杂的人物关系上的独有特点,抓住矛盾冲突这一关键点进入对文本的分析与解读。围绕着剧中八个人物之间的恩怨关系,梳理呈现出五个三角形的关系示意图,而图中鲁大海这一人物独立于三角形的关系之外,因而"为什么鲁大海这个人物不能少"这一问题,成为贯穿整堂课始终的主线。

在呈现关系示意图后,王老师第一次试图引导学生回答"为什么鲁大海这个人物不能少",学生的回答围绕在"制造矛盾""闹罢工"上,显然学生的思考还处于表层的试探猜测阶段,王老师不急不缓地说:"没关系,我们暂时先放一放。"于是,王老师引导学生继续梳理人物矛盾冲突,从三十年前到现在,一对又一对的矛盾,在王老师的循循善诱下一个个显现出来。在梳理周朴园与鲁大海的矛盾时,学生发现了矿主与罢工工人代表之间的阶级矛盾,王老师抓住时机,再次抛出问题:"为什么鲁大海这一人物不能少?"学生若有所思,然而答案仍未达到理想状态。王老师却依旧不慌不忙,从容不迫地说:"没关系,我们不着急,暂时先放一下。"

在王老师的引领下,学生继续梳理人物间的矛盾冲突,直到梳理出十数对矛盾,王老师顺势提出探索性问题:"这些矛盾冲突主要集中于哪里?""周公馆!""爱情!""家庭!"听到这些答案,王老师又一次试图提问"那么,再想想,为什么鲁大海这个人物不能少?"学生思考过后,似乎还是似懂非懂。于是,王老师又一次缓缓说道:"我们不急,先暂时放一下。"接下来,王老师通过引导学生分角色朗读文本、想象演绎片段等方式，使学生步步深入文本，探析人物性格。终于，在不断品读文本中，学生发现了鲁大海这一人物所代表的矛盾的特殊性，因而理解了其不能少的必然性。

"暂时放一下"，放下的是教师对学生学习节奏的"挟持"，而拿起的是教师对学生的充分尊重，尊重学生自己的学习节奏。尽管在初读文本时，学生对文本的理解处于浅层状态，很多理解甚至是错误的，大多情况下，教师会迫不及待地拔苗助长，着急地把"标准答案"抛给学生。但是王老师自始至终不急不缓，徐徐推进，在最大程度地把握文本的前提下，帮助学生在一次次的思维碰撞中找到答案。

二、换位体味人性——"把自己降下来"

在分析人物性格时，其中有一幕是周朴园与鲁侍萍的相逢，学生们在此把对周朴园的性格定位为"伪善"。王老师又一次抓住机会，提出疑问："周朴园这个时候到底伪善吗？具体体现在哪里？"

对于周朴园的伪善这一性格定位似乎从来没有人质疑过，学生们几乎不用思考便可以轻松地给他下定义。而王老师的独特之处在于，拒绝学生对人物"标签化"的理解。因此王老师要求学生说出周朴园伪善的具体表现时，学生的解释似乎都过于牵强，对此，王老师没有一味放任学生对文本的过度解读，而是别出心裁地引导学生换位思考："如果你的父亲是周朴园，你认为他会怎么做？""你会说你的父亲伪善吗？"霎时，学生们陷入了沉默。

阅读文学作品，学生很容易受刻板印象的限制，站在道德制高点，给人物贴上一个又一个的标签，殊不知，人性是复杂的，是万万不可用一个或几个简单的词进行概括的。以周朴园为例，周朴园作为人，是有人性的。他淹死两千二百个小工，这是他不堪的一面；然而面对鲁侍萍，面对他所爱的人，他又有自己独特的温暖，这也是他的人性。曹禺写《雷雨》时说过："我是怀着一种悲悯的心情来写剧中人物的争执的，我也期望着，看戏的人怀着悲悯的眼光来俯视这群地上的人。"文学作品是可以揭示人性的，而读者对人性的理解往往会片面，这就是因为读者把自己放得太高，缺少了同理心，缺少了悲悯之心，缺少了对人性丰富性的理解和洞察。因此，王老师以小见大，从对周朴园性格的剖析入手，教以学生与文本、与人物平等对话的态度，丰富其对人性的理解。

王岱老师曾说："上课不是表演，学生不是道具；不是让学生将就、配合教师，而是教师要始终陪伴学生、倾听学生、引导学生。"王老师用这堂展示课完美地向我们展现了她谦逊的态度、精深的学识以及独特的思考，留给我的是久久不能散去的悠悠余韵。

·课堂实录·

《〈小王子〉整本书阅读之〈因为爱情〉》课堂教学实录

执教：王　君

第一部分　导入

（用歌德和弗洛姆《爱的艺术》名句聊天导入。略）

师：今天这节课属于整本书阅读的小专题学习。我们的小专题学习一般是这样的程序。这节课我们做的是这些步骤中的"讨论切磋"部分。

出示PPT：

整本书阅读小专题研讨程序

师：我把大家前期阅读的几十个问题梳理了一下，整合成为了一个主问题：小王子们的初恋危机。我们这节课主要"讨论切磋"的就是这个问题。

出示PPT：

小王子们的初恋危机探索

——《小王子》聊书课之（三）自主阅读笔记单

班级　　姓名

	危机探源	危机解决办法或者你的建议	同学课堂发言记录	我的再思考
小王子的初恋危机	危机之一			
	危机之二			
玫瑰的初恋危机	危机之一			
	危机之二			
狐狸的"初恋危机"				
5000朵玫瑰的"初恋危机"				

第二部分　初级挑战朗读再现和中级挑战发现秘密

师：我们的聊书会一般要做三件事——

出示PPT：

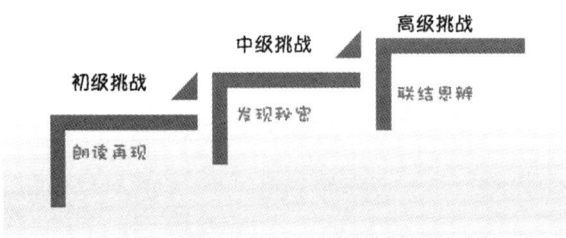

师：鉴于《小王子》的经典性、特殊性，它太适合朗读了，所以我们今天把"初级挑战"和"中级挑战"结合在一起做。我们边读边悟。

（热情地鼓励和指导两个朗读的学生）

师：同学们要注意，这是童话。我教的低年级孩子有几个傻得可爱，问我说，人怎么会跟一朵玫瑰恋爱哪？这是童话啊，孩子们！这里的玫瑰就是一个美丽的姑娘，懂不？童话是有寓言性质的。读经典要注意它的文体。好，开始了，小王子，请你从读这段文字开始。当我们心中爱意萌生的时候，生活会发生幸福的变化，来，读。

（男生读）

出示PPT：

有一些人，

从来不曾爱过任何一个人……

这样的人根本不算一个人，

他只是一个——

蘑菇！

小王子对这朵花儿一见倾心，

爱慕之情无法隐藏。

如果你爱上了某个星球上的一朵花儿，

那么当你仰望星空时，

你会感觉甜蜜温馨，

会觉得所有的星星都开满了花儿……

（读得声情并茂。掌声响起）

女：你让老虎的利爪来抓我吧！

男：我的星球上没有老虎。再说，老虎也不吃草啊！

女：我可不是什么草嘛！

男：哦，请原谅我的口误……

女：我真的一点儿不怕老虎，但我最讨厌被风吹。你还没有为我准备挡风板吧？

男：她居然怕风——这对一朵花来说实在太不幸了。看来这朵花还挺难伺候的。

女：到了晚上你得用一个玻璃罩把我罩起来。

师：很好，来。

女：（更投入了）你这里太冷了，在我原来待的地方可是……挡风板怎么还没有拿来？

男：我正要去取，可是你一直在跟我说话啊！

（对话模拟惟妙惟肖）

（女生干咳）

师：嗯，她的干咳很重要，所有女孩的干咳都很重要。

（众人笑）

师：很好，他们俩就是这样，每天这样，于是结果就会是什么？小王子虽然……读。

（男生读）

出示PPT：

尽管小王子对这朵美丽的花儿爱得如痴如醉，
但还是对她产生了一丝疑虑和不满。
到最后，
小王子越来越困惑不解，
心生不快。
最后他决定离开。
忍着内心的忧伤，
小王子把最后的几棵猴面包树的幼苗拔掉，
他觉得自己再也不会回到这里来了。
所以，在这个最后的清晨，
这些熟悉的工作显得那么弥足珍贵。

师：这孩子太懂爱了。（大家笑）如果哪个女孩碰到，绝对很幸福。这段文字太重要了，好多孩子是读不懂的，一定要，就是把他们分别之前复杂的情愫通过朗读传递出来。来读，直接读对话。

男：再见了。真的，再见了。

女：我真的很傻……

师：（提示）咳嗽了起来。

（女做咳嗽状）

女：我真的很傻，请你原谅我过去那样对你吧，我希望你能快乐起来……其实，我心底里是爱你的，只是我一直没有正常表达，这是我的错——不过这已经不重要了。可是，你……你也和我一样傻。快乐起来吧……把那玻璃罩拿走吧，我不想再要它了。

男：但冷风会吹到你的……

女：我的感冒并不严重……没事儿的，夜里凉爽的空气对我有好处，我可是一朵花呢！

男：可还有那些动物啊……

女：没事儿，如果我想和蝴蝶交朋友，就得接纳两三条毛毛虫在身边——听说蝴蝶非常漂亮呢！如果没有毛毛虫和蝴蝶——那谁还会来探望我呢？你就要远走高飞了——至于大野兽，我也一点儿不怕它们，看，我也有利爪呢！不要再耽搁了，既然你已经决定要走了，走吧，现在就走！

师：挺好，坐，坐。

（掌声）

师：好，这个是小王子和玫瑰之间特别重要的感情历程，你从中可以看到小王子和玫瑰到底发生了什么问题。后来呢，小王子去游览各个星球的时候，他又遇到了他恋爱中的另外一个巨大困扰，他看到了一大花园子的玫瑰，跟他的玫瑰是一模一样的。我们一起读，孩子们，"我们是玫瑰花啊！"

男：你们到底是谁呢？

女：（齐）我们是玫瑰花儿啊！

男：哦！不！我原来以为我很富有——拥有全世界独一无二的花儿，其实，其实她不过是一朵普通的玫瑰花儿！

师：真好。（掌声）我们在这里停一停，不继续读。现在你告诉我，就你现在的理解能力，从文字间你能看出玫瑰和小王子他们的初恋当中面临的危机各是什么？

生：我觉得那朵花，她的危机是虚荣，导致了她要展现自己美好的一面，却伤害了小王子。

师：她想展现美好的一面，反而伤害了小王子，好，请坐。很好，请把话筒传给他，不要重复他的话，希望你有另外的发现。

生：我认为他们之间互相不信任。

师：只有观点，我不希望只听到观点，我需要听到你走到文本当中看到他们到底发生了什么问题，你要有分析。课堂上要有具体分析。

（生思考）

师：看来情窦未开。（笑）

生：我认为是他们都很单纯，小王子不知道如何跟一朵花交流，他们交流出现了问题，这是方法不对引起的。

师：小王子和玫瑰的交流出了问题。这个视角很精准。如果有具体分析就更好了。

生：小王子很爱玫瑰。但玫瑰花觉得自己是独一无二的，所以她对小王子的爱是贪婪的，是很任性的、傲慢的。

师：他的见解一针见血。可能玫瑰自己没有意识到自己的任性傲慢贪婪呢。她对爱的表达确实是有问题的。

生：我认为他们的爱是单方面的，就是只是一方对一方的。

师：（惊讶）是吗？能表达得具体一些吗？

生：玫瑰花爱小王子，但她并没有在实际行动中表现出来。爱如果没有表现出来的话，对方——小王子是无法知晓的。

师：他说了一个特别重要的问题，就是小王子没有感受到玫瑰对他的爱，而只感受到了玫瑰对他的折磨。你说，玫瑰到底爱不爱小王子？

生：虽然说她心里是爱他的，但从她的举动上是看不出来是爱他的。

师：他说的很有哲理，心里是爱的，行动上没有，这对别人来说就是不爱。说话很有哲理，很深刻。来，你呢？

生：我觉得他们彼此都不够坦诚，没有把自己内心的疑虑和问题跟对方提出来，没有得到及时的交流。

师：啊，真是太棒了！你看，他又往前走了一步，就是当他们之间感情出了问题的时候，彼此却没有通过进一步的交流来解决，是吧？他们选择了逃避。还有吗？这边，这边的同学，你谈谈，从女孩子的角度，你觉得他们问题在哪里？

生：我觉得玫瑰对小王子的爱没有表达出来，小王子没有感受到这种爱，他认为玫瑰在不断索取他的爱，他认为自己的这种付出到最后成了不值得的付出。

师：真好。前半截我很担心，因为你的回答跟那个男生一模一样。但是，从你用"索取"这个词语开始，我就知道你在独立思考了。

师：同学们前面都说得很好，这张幻灯片上表现出的小王子的初恋危机还没有到，谁发现这个小王子面临着一个什么样的危机呀？就这张PPT上面，来，你来。

出示PPT：

- 小王子盯着这些花儿，震惊地发现她们像极了他的那朵花儿。
- "你们到底是谁呢？"小王子疑惑地问道。
- "我们是玫瑰花儿啊！"她们回答。
- "哦，不！"小王子失声尖叫。
- 小王子瞬间被忧伤吞没了。他的那朵花儿曾告诉他，她是整个宇宙中独一无二的。而这里，仅仅一个花园就有五千多枝几乎和她一模一样的花儿，她们都叫"玫瑰"！
- 小王子瞬间跌入了巨大的失落中："我原来以为我很富有——拥有全世界独一无二的花儿，其实她不过是一朵普通的玫瑰花儿！"
- 小王子越想越伤心，趴在草地上痛哭起来……

生：小王子一开始认为这朵玫瑰花是独一无二的，只是属于他的，他并没有想到还有那么多的玫瑰花啊，这些花长得跟他的那一朵玫瑰一模一样，他不知道该如何面对这个事实。

师：最后一句话才到点子上，前边的完全都在复述这段文句的内容。你不能只是复述它，你要理性地分析它，像你的最后一句。你把话筒给他，因为他刚才读得很好，我想问问他，这个时候小王子的危机在哪里？他到底为什么那么痛苦？

生：他其实内心是非常纠结的，因为他其实心里还是爱着之前的那朵花，但是现在眼前突然出现了这么多跟他所爱之物一样的东西，他就很难相信，一下子不知道怎么办，他应该抱以什么样的感情，他应该怎么对待她们。

师：好，我来帮你提炼一下，这叫作我爱一个人一定有爱的理由，是不是？小王子爱玫瑰是因为她是独一无二的，而因为这种独一无二，小王子就非常自信。但这一瞬间，小王子的危机出现了，因为他爱的理由没有了，他需要另外一个爱的理由，才能支撑他爱下去，大家懂吗？这就是小王子的危机，他需要新的理由去爱玫瑰。好，我们继续学，第二个部分是关于狐狸的。

师：狐狸跟小王子在童话里是非常美好的关系，他们成了最好的朋友。狐狸简直就是小王子的人生导师呢，是一名智者呢，他不断地引导小王子思考更多的人生问题，纠正了小王子固有的思维方式。但是在故事的前期，我们细读文本，会发现狐狸的感情是很微妙的。来，"御用小王子""御用狐狸"，同学们，静静地去感受语言深处的爱的痛楚。第一句我读。

师：狐狸久久地凝视着小王子，再次开口。

女：请你，请你驯养我吧！

男：我真的非常愿意呢，但我现在实在没有空闲时间。我打算去结交很多朋友，我还有很多东西要学习。

女：……如果你真的想要交一个真心的朋友，那么，请驯养我吧……

师：就这样，小王子驯养了这只狐狸。缘聚缘散，终有一别，他们分别的时刻来临了。

女：哎，我真舍不得离开，我都想哭了……

男：这要怪你自己，我不想对您有一点点伤害，是你非得要我驯养你不可……

女：对，我是想被你驯养。

男：可现在您难受得快要哭了……

女：是，我想哭。

男：这对您有什么好处呢，徒生悲伤！

女：当然有好处，每当我看到金色麦田的时候，就会想到你的金发……请你再去那个花园看看那些玫瑰花儿吧，你会明白，你的那朵玫瑰花儿真的是全世界独一无二的。然后你再回来和我道别，到时候我会送你一个神秘的礼物的。

师：真好，请坐。来，把话筒给这个同学，你发现了吗？狐狸对小王子的感情有情况，从狐狸的角度，你看出来了吗？

生：她喜欢小王子，小王子不喜欢她。

师：对了，她就面临这种问题，她太爱小王子，但小王子说自己多么忙啊，没有时间啦。这明明白白就是对狐狸的求爱的一种——

生：拒绝。

师：拒绝，很好，请坐。你们比六年级的小孩子强，六年级的小孩子读不出来。好了，然后我们看，那五千朵玫瑰呢？那五千朵玫瑰，她们又面临怎么样的初恋危机呢？《小王子》当中那五千朵玫瑰，是童话当中最重要的问题，小王子是怎么样教训这五千多玫瑰呢？来，"御用小王子"——

（男生读）

出示PPT：

我的一朵玫瑰花，

比你们千百朵加起来还重要！

没有人驯养你们！

你们也没有驯养任何人！

没有人愿意为你们付出生命！

你们如此美丽，却又如此空虚！

师：请坐，很好，整个童话当中小王子情绪激烈的时候是很少的。所以，这一次他的爆发，就是个重要的时刻。这段话对我们太重要了，因为可能我们每个人都是这五千朵玫瑰当中的一朵。好，一起来读。我们现在都是小王子：我的一朵玫瑰花……

（生齐读）

师：真好，给你。五千朵玫瑰的问题在哪里？

生：她们没有爱情，她们不懂得去爱，没有人来爱她们。

师：对，她们懂不懂爱情我不知道，但你第一句话说得对，在这个此刻，没有人来爱她们。没有爱情降临在她们的生命当中。请坐。孩子们，你们以前读《小王子》读出这些来了吗？肯定没有，是吧？

师：好，我们发现了什么秘密？同学们，总结一下：小王子的初恋危机，和玫瑰的初恋危机，有一点是一样的，有一句话叫做相爱相杀。他们相爱，但是却被爱折磨，最后只能有一个人离开。但他们也有不一样的，小王子的第二个危机是，他发现他的玫瑰不是独一无二的，他爱的理由缺失，是吧？玫瑰的初恋危机呢？小王子决计要离开，她挽留了吗？她没有挽留——"你赶快走吧！"小王子的离开，对于一朵花意味着什么？她不仅失去了爱人，她还会失去什么？这是两个主角的初恋危机。狐狸的初恋危机是，她爱小王子但小王子不爱她，五千朵玫瑰的危机是没有人爱她们。

师：同学们，《小王子》之所以成为世界名著，就是因为它用最朴素的语言，描绘出了我们的爱情世界当中最为典型的困境：第一种因爱生怨，相爱相杀；第二种是单恋；第三种是无爱。那么接下来，同学们，我们要进行高级挑战。

出示 PPT：

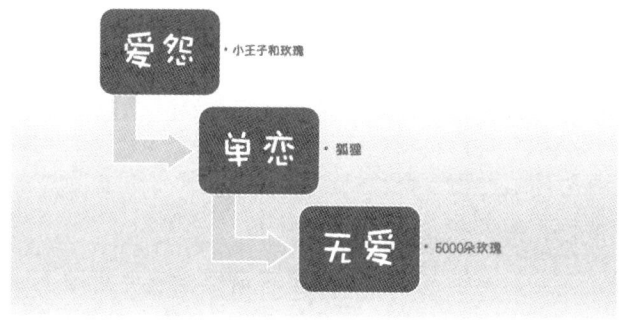

第三部分　高级挑战联结思辨

师：他们应该怎么办？每个人必须要解决生命当中的这些关于爱情的难题，如果不解决的话，生活就会很纠结。同学们，现在你来给他们提个建议，用一句话就好。你可以向他们任何人提出建议。

生：我想对那朵玫瑰提点建议，她应该和小王子多交流，表达出自己心里想表达的爱意。

生：我想对狐狸提点建议，狐狸应该去寻找另一个可以跟她相爱相守的人而不是只爱小王子。

师：不跟小王子死死纠缠。

生：我想跟这五千朵玫瑰花提点建议，她们应该寻找自己独特的地方，能发现爱她们的人。

师：她的意思是说，你们这五千朵玫瑰应该独特起来，让更多人来爱你们，来关注你们。是不是这意思？再来。

生：我想给那一朵玫瑰花提建议，应该给小王子奉献更多的东西，而不是只是……

师：你说你建议玫瑰多奉献。好，来。

生：我想给那五千朵玫瑰提建议，我希望那五千朵玫瑰可以自己爱自己，也可以从自己身上找到爱。

师：她的建议不一样，那个孩子说，玫瑰可以让自己更美更独特，被一个男人发现然后去爱她；这个女同学说，她可以自己爱自己呀！对两种建议我都很佩服。对后一种，更佩服。

师：（面向刚才回答的学生）再给你一个机会，你说。

生：（紧张）我送给小王子一个提醒，接受玫瑰的一切缺点。

师：他说，给小王子提建议，接受玫瑰的所有缺点。同意吗，在座的小王子们？

（大家笑）

师：同学们很有思想，说得已经很好了，但在老师的帮助下，还可以更好。现在我们进入学习的更高阶段——联结思辨，王老师会推荐一些相关资料给大家，你们看了之后再思考，对于解决初恋的诸多困境就会更有领悟。好，先看这个——

（播放视频：《好老婆大联盟》李咏谈与哈文的爱情。内容非常感人。）

师：在座不成熟的小王子看懂了吗？好，这是第一个材料。第二个材料——这个动画片看过吗？咱们中国的动画片整体质量还待提高，但这个是质量很高的动画片，大概是最近几年看到的质量最高的，叫做《大鱼海棠》。

（展示动漫影片《大鱼海棠》图片）

师：看过没有，一定要去看，讲的就是几个人之间的爱情：楸爱着椿，但是椿却只爱鲲，按照我儿子的说法，楸就是备胎。这个故事的结尾是什么？就是楸听从内心的呼唤，踏上帮助椿和鲲的旅途，他的自我奉献让他的爱不断升华，最后楸成为了神。所以我给儿子的信里我这样讲的：如果有一天你发现自己成为了备胎，请不必太难过，在这个世界上一定会有一个女孩子是命中注定属于你的，其他的不管是你喜欢的或者喜欢你的，读——

出示PPT：

他们对于你生命的意义，并不在于成为恋人，而是让你练习其他爱的方式。我们的成长，需要很多种爱的滋养，并不仅仅是男女恋人之爱。

师：这是王老师给你们的第二个材料。再请看第三个材料。去年，法国把《小王子》搬上了荧幕，看了吗？不看是一种遗憾，学语文一定要看好电影，因为经典电影当中有对名著的非常好的进行诠释的思辨的材料。法国的《小王子》改编得很好，其中有一个情节，后来小王子长大了，变成了他最不想成为的那种大人。他历经艰辛又回到了当年的B—612星球，他看到了什么呢？他当年执意要离开的玫瑰，他深爱的玫瑰怎么样了？

（播放法国电影《小王子》的末尾片段）

师：（缓缓沉痛解说）这就是他当年深爱的玫瑰，但，（沉痛）玫瑰死了。好，我们看到这个地方。好了，老师提供了这些材料，你们在看完王君老师提供的材料之后，你能够再为这些在各自的初恋危机、初恋困境当中的小王子们提一些建议吗？大家请说。

生：我觉得他们应该互相理解。

师：你说"我给谁提建议……"。

生：我给小王子和玫瑰提建议，我觉得他们需要互相理解、互相包容，爱不是单方的付出，而是互相包容。

师：包容意味着真正的接纳。

生：我给玫瑰花提建议，我觉得在爱情中，两个人如果要处好关系，都应该放低自己的姿态。

师：太深刻了！放低姿态，这简直是爱情的诀窍了。放低自己的姿态，特别是骄傲的玫瑰，对不对？小王子也需要把姿态放得更低一些。低，是因为爱啊！

生：我给小王子和玫瑰两个人提建议，他们两个当初都应该好好想一想，做出的决定，日后都有什么后果，如果到后来小王子看到玫瑰死掉了，内心一定很痛苦，早知今日何必当初呢？

师：他的建议是说，当你们要分手的时候，一定要想明白，把后果想清楚，你是不是真的想要离开，因为离开你就不能够回头，你要为自己的决定承担后果。很深刻！

生：我想对玫瑰提点建议，就是死要面子要不得，有些话想对小王子说的就说，不要藏在心里，不要觉得他爱我就会知道，有些话不说出来真的就会不知道。

师：这孩子说的是，我觉得男生与女生之间有个重要的原则就是一定要交流，我们中国人特别不愿意交流，总是藏在心里，这是一个很大的问题。

生：我想对小王子说，因为玫瑰她生老病死都在那个星球上，而小王子可以离开，也可以选择重返这个星球，所以小王子应该在离开之后，马上就思考这样做是否妥当，如果不妥当，就应该立即回来继续陪伴玫瑰。

师：这个同学的意思是，如果做出了错误的决定，那就要及时止损。我说说我的意见：我是这样理解的，为什么小王子要去游历各大星球？他必须去经历这些啊！他见识了那么多的人和事之后，他才能够拥有反省的力量。他如果不去经历，他还是不会反省，他永远困在他和玫瑰的情爱困窘之中。出走其实是一种寻找。你认为呢？

生：我给玫瑰提些建议，她既然喜欢小王子，就要抓紧时间告诉他，不要给自己的人生留下遗憾。

师：抓紧时间告诉他：我爱你。人生很短，不能浪费。

生：我想对小王子提建议，既然他对玫瑰无私地奉献，但是产生了对爱情的困惑，就应该大声地问出来，而不是憋在心里导致困惑越来越大。

师：这个真的很艰难，就是一个人能准确地表达自己爱情当中的感受，是一种能力。希望同学们从小就去修炼这个能力。

生：我想对小王子提建议，小王子虽然发现玫瑰花对他有些不太好，但是他没有把这些告诉玫瑰花，这样他们的矛盾越来越大。

师：就是沟通和交流，太重要了，他反复在强调这个问题。

生：小王子对她付出很多，玫瑰花没有发现，还是以女人高高在上的姿态来待他。

师：很好，说出我们在爱情当中的姿态问题。爱情不是你有高高在上的姿态，就可以征服你所爱的人的，还需要另外的努力。

生：我想对小王子和玫瑰说，我觉得你们两个有矛盾，但你们都没有认真地去考虑，认真地去解决问题。

师：你这个发言没有超出其他同学的思想，你需要进一步思考。

生：我想给小王子和玫瑰花提点问题，多沟通，很多小问题积少成多就是大问题。

师：是这样的，爱情之间哪有什么惊天动地的大事。但小问题会变成大问题。这是个永远都说不尽的话题，小王子后来经历了各大星球的游历，随着他的成长，他懂得了很多，他的领悟是什么？我的"御用小王子"，读，他的新的思考。

（男生读）

出示PPT：

那时我真是不懂事啊！

我应该更在意她为我做了什么，

而不是对我说了什么。

她醉人的芳香和明艳的光芒笼罩着我，

为我的生命带来多少欢欣愉悦，

我永远都不应该离开她……

我本来应该猜到，

在她那些小花招后面藏着多少柔情蜜意，

那样口是心非不过是一种爱的表达方式。

可惜当时我太小了，

不懂爱……

师：什么叫不懂爱，孩子们？懂爱就是能够看懂你爱的人的每一句话，每一个表情背后的真正的含义，小王子的问题解决啦！继续读。

师：他需要爱的理由，他找到新的爱的理由——

（男生读）

出示PPT：

因为我亲自为她浇过水，

亲自为她盖过防寒玻璃罩，

亲自为她挡过风，

还亲自为她除过毛毛虫。

我每天倾听她的抱怨，

包括她的骄傲自夸，

甚至她的沉迷无语，

只因为——

她是"我的玫瑰花儿"，

她是我的"独一无二"。

师：永远不要比较你的"亲爱的"，她永远因为你的付出，她是你的"独一无二"。这是小王子新的体悟。最后他做出了什么样的选择？

（男生读）

出示PPT：

你知道吗？

我星球上的那朵玫瑰花儿，

我必须回去照顾她！

她是那样的柔弱柔嫩，

那么天真无邪！

她只有四根没有什么用的小刺来保护自己，

来对付世界的险恶。

我必须回去照顾她……

师：读懂了吗？成长的小王子作出最后的选择是，通过蛇的毒汁让自己肉体皮囊死亡，让灵魂回到自己的星球去，他一定要承担起对自己所爱的女孩子的责任。孩子们，这就是成长。

师：同学们，现在我们总结一下，通过这个部分的联结思辨，我们给小王子们提出了很多有价值的建议。他们的爱情困境，是可以解决的。

第四部分　总结

师：小王子领悟了，决定回去照顾玫瑰花，继续建设自己的爱情。童话写到这个地方就结束了，未来怎么样，留下了悬念。但法国的动画片却设计了一个耐人寻味的结尾。我们看看。

（播放法国影片《小王子》末尾片段。失去了玫瑰的"大王子"在悲痛中看到了阳光中的玫瑰，获得了心灵的力量，他又变成了真正的"小王子"。）

师：我一直觉得，法国动画片的这个改编实在太精彩了。小王子终于领悟了爱的真谛，他决定回家。但是晚了，他的玫瑰已经死了，他的最珍贵的东西还是失去了，不可挽回。这就是人生，这就是成长的代价。但是失去并不等于说我们在爱中一无所获。爱人去了，但是爱留下的彻悟，爱给予我们心灵的滋养，永远在。爱，终于让我们成为了更好的自己。我觉得这是法国的《小王子》改编的动画片当中最最经典的一幕，失去和得到，在这个时候，有了全新的含义。同学们，最后做一个总结，什么是好的爱情？爱的存在只有一个证明，读——

生：（齐）对方身上的活力以及生命力。

出示PPT：

爱的存在只有一个证明：
　　　　对方身上的活力以及生命力。
　　　　　　　　　　　　——弗洛姆《爱的艺术》

师：如果你从爱的男孩或女孩身上，没有获得活力或生命力，没有更热爱生活，没有对这个世界的灵魂彻悟，你拥有的一定不是真爱。弗洛姆还说——

（生齐读）

出示PPT：

如果只爱一个人，而对其他人漠不关心，他的爱就不是爱，只是一种共生性的依恋，或者是一种放大了的自我。只有爱那些与我利益无关的人，爱才会开始展现。

师：这条原则是那么重要，如果你因为爱他而更爱这个世界，爱这个世界所有的人，你因此而获得了巨大的生命力，你跟他的爱就是真爱。在未来的成长中，去慢慢地琢磨吧。同学们，因为爱情——我请你来读最后这一段。

（音乐起）

（男生读）

出示PPT：

因为爱情

我们品尝了幸福

也咀嚼着痛苦

因为爱情　我们懂得

享受爱情　需要智慧

爱了　就必须承担责任

我们懂得

爱　是亲密关系中的"独一无二"

我们懂得

男欢女爱刻骨铭心

其他的爱　也同样深刻美好

每一种爱都会生长幸福　所以　不要太执着

我们懂得

好的爱情的唯一特质就是　让人成长

我们懂得

如果"爱"还没有降临

不要着急

一个自尊自爱优秀慈悲的你

自己　就可以活成爱的模样

师：谢谢，谢谢你完美地阐述了小王子的爱。因为爱情，所以对同学们有一些诚恳的建议。

出示PPT：

因为爱情，所以有一些诚恳的建议：

如果没有准备好，请不要盲目开始爱情……

如果有了爱的困惑，请求教经历过爱的亲人……

师：因为爱情，所以推荐一下谈情说爱的书。第一本是台湾的周保松的《小王子的领悟》，这是我读过的对《小王子》解读最深刻的一本。

师：因为爱情，所以推荐以下一些谈情说爱的书，你可以选择你感兴趣的记录一下。

出示PPT：

鲁迅：《伤逝》 爱必须有经济基础支撑。

夏洛蒂：《简·爱》 精神独立才能获得真正的爱情。

小仲马：《茶花女》 美得不可方物，牺牲得不可救药。

王安忆：《长恨歌》 越美丽，越悲哀。

张爱玲：《半生缘》 人一旦妥协，残忍的命运就会乘虚而入。

王小波：《黄金时代》 爱与性到底是什么关系。

李碧华：《胭脂扣》 不要把自己的幸福赌在别人的身上。

卡森·麦卡勒斯：《伤心咖啡馆之歌》 我们因为孤独去爱，却因为爱更加孤独。

山田宗树：《被嫌弃的松子的一生》 委曲求全不会得到爱。

茨威格：《一个陌生女人的来信》 再爱一个人，也不要为他丢了自己。

张爱玲：《红玫瑰与白玫瑰》 贤惠和性感的女人，哪个更吃香？

钱锺书：《围城》 要记得，经营婚姻不是耍手段。

亦舒：《我的前半生》 为什么"你负责貌美如花，我负责赚钱养家"不靠谱？

师：这上面的作品，都是对王老师的爱情观产生过重要影响的小说。好，今天我们课上到这个地方，下课。

· 听课回响 ·

"皱、漏、瘦、透",浑然天成

浙江省温岭市第三中学 陈海亮

假山石又名太湖石,形状各异,姿态万千。通灵剔透的太湖石,最能体现"皱、漏、瘦、透"之美,上海的高纪良老师就以此作为评判一节好课的标准。王君老师的《小王子》整本书阅读教学,充分展现了"皱、漏、瘦、透"之美,令人拍案叫绝。

一、"皱"

太湖石之"皱",是石头表面的起伏变化,顺应自然,沟壑层叠错落有致。

王君老师的课堂,有起伏变化,顺应学生的课堂,是艺术的、灵动的、有节奏的课堂。她就是一位艺术家,通过内容疏密的设置,活动动静的变化,节奏收放的调节,让课堂成了一首优雅的乐曲,带领着学生走向文字深处,走向思维深处,走向灵魂深处。

王君老师认为,对于主题型文本的教学,教师是主导。学生的思维需要教师去激活,学生思维的方向、角度,思维的层次性、深入性都需要教师去引导。在纷杂的阅读材料中,王老师慧眼识金,以"恋爱危机"为核心,巧设"聊书"的三级挑战,以"朗读再现"为基础,聚焦"恋爱危机";以"质疑发现"为台阶,思考"恋爱危机";以"联结思辨"为目标,走出"恋爱危机"。这三级挑战融合了文字与情感,关注问题与思维,打通了文本与生活,变学习文本为指挥文本,开创了课堂学习的新境界。学生在朗读中入境,在探讨中发现,在思辨中顿悟,在《小王子》的阅读场中,踩着台阶拾级而上,随着课堂的节奏发展，学生的思维呈现"月涌大江流"的蓬勃状态，沉浸于深度学习的快乐之中。

二、"漏"

"漏"有孔隙之意，观赏石要求石体竖面孔要多、隙要大。赏石者认为缝隙线细、孔洞如针，不符合"漏"的标准。孔隙要上通下达，孔洞相连，最好是孔穴曲弯，空髓网布，一窍焚香，孔孔出烟，香云环抱。

王君老师的课堂，"孔多隙大，通达回环"，学生如游鱼，自如穿梭，怡然自得。在《小王子》阅读课中，王老师先让学生在演读中探讨小王子、玫瑰、狐狸各自的恋爱危机，教师化身为导游，引导着学生在孔隙中穿梭，在美景处停留，给予足够的空间和时间让学生欣赏与感悟。接着化身为主持人，组织学生们探讨：给小王子、玫瑰、狐狸的爱情难题提个建议。前后问题"孔隙"相连，深掘文本又紧贴生活，学生有如进入了一个宏伟的洞窟，视野陡然间开阔，激情瞬间被点燃，思维自然被激活。在教师的主持下，师生敞开心扉，来了一场其乐融融的"实话实说"。更为叫绝的是学生"献计"后，教师投放《好老婆大联盟》《大鱼海棠》、法国电影《小王子》三则视频材料，在整合比较后让学生再次给"在初恋危机的小王子们"提建议。这问题是"洞窟"之上的思维之孔，狭窄而陡峭，最险要也最美丽，教师此时成为了学生的助手，推动学生们沿着羊肠小道翻越而出，豁然开朗，云淡风轻。

三、"瘦"

一块奇石要达到"瘦"，其轮廓要成曲线美，其形体比例要符合黄金分割率，要体瘦而神满，骨气傲然。

纵观整节课的设计，体态优美，浑然天成。文本与文本之间，文本与拓展材料之间，文本与学生心灵之间，文本与生活之间，都达到了深度的融合。更为惊叹的是王君老师以需求指挥文本，赋予课堂以青春昂扬的灵魂。

整节课聚焦"恋爱危机"，思考"恋爱危机"，发现"危机奥秘"，思辨

"恋爱危机"，线路清晰，台阶分明。课堂中，教师在重点处"思考与发现恋爱危机"上给足学生探讨时间，让学生充分表达自己的见解与建议，在难点"思辨恋爱危机"处巧投三则视频材料，搭建梯子，凹凸分明，使课堂呈现了行云流水般的曲线美。主题"因为爱情"，从文本整合中来，从学生的日常困惑中来，成了整节课的契合点与灵动点，真正体现了体瘦而神满，骨气傲然，课堂教学完结，而高贵的恋爱观永立学生心间。

四、"透"

一块奇石，即使洞洞相通，穴穴相连，若只偏于边角，不能称为"透"，也不符合"透"的标准。"透"是多孔多姿，主体通透，给人以视觉冲击力和美感。

王君老师的《小王子》阅读课，外显是文本指挥的通透，内隐是联结思辨的通透，内外融合，玲珑剔透。王君老师精选了最能打开学生思维走向的文段，让学生在角色演读中，引导认识"初恋危机"；然后沉入文本，思考小王子、狐狸、玫瑰造成各自"初恋危机"的原因，使学生思维有了逻辑层递性，思维也就由浅入深；接着立于文本，让学生给小王子、玫瑰、狐狸的爱情难题提个建议，学生的思维就由深度思考文本到融合自身经验。学生由于自身视野的局限，经验的局限，势必不能走出思维的困境，王老师就巧设三则视频材料为杠杆，助力学生"思维突围"，使学生思维，"晦暗了又明晰、明晰了又晦暗、而后最终永远明晰了的大彻大悟"。这样螺旋上升的思维提升，由低阶到高阶，充分体现了深度阅读与融通生活的理念，给人以思想的冲击力与震撼。

一块奇石"瘦、皱、透、漏"四要素，具备一项即可赏玩，两项兼备就是精品，三项有之可称绝品，如果四项集一块奇石之体，那就是稀世之宝。

王君老师的《小王子》整本书阅读课，"皱、漏、瘦、透"特色各异，相映成辉，岂不妙哉！

穿花蝴蝶深深见　点水蜻蜓款款飞

江苏省扬州市甘泉中学　俞春霞

学习了王君老师《〈小王子〉整本书阅读之〈因为爱情〉》一课，杜甫的那句"穿花蝴蝶深深见，点水蜻蜓款款飞"的句子不自觉吟出来，温暖而美好。《小王子》这部经典如何指导学生去阅读？美国教育家布鲁巴克说：最精湛的教学艺术所遵循的最高的准则就是让学生自己提出问题。王君老师此课就是在学生阅读中产生疑问的基础上设计的，是一堂应需而生的课。然而，如此直接地大大方方地跟学生谈"爱情"，很多老师还做不到，生怕一上这样的课就鼓动或默许了学生去"谈恋爱"。王君老师向来以为：不敢谈爱的教育不是真教育。她多次借名著、电影跟学生谈"爱情"，这只是其中的一例。王开东老师也说：学生谈恋爱不是洪水猛兽，未来学生不会恋爱，才是洪水猛兽。

一、美读中观"穿花""点水"

肖培东老师言：美是在文字中感受出来的。好的语言一定要在朗读中方能体现。这堂课中"御用小王子""御用玫瑰""御用狐狸"的精彩朗读辉映了课堂始终，攥紧了听众的心，也清晰地呈现了"小王子"和"玫瑰""小王子"和"狐狸"以及"五千朵玫瑰"之间或各自的情感状况。一方面是朗读者自身的素质，另一方面王君老师在学生读前的指导发挥了巨大的引领作用：进入角色，不能笑场，酝酿感情，不能亵渎经典。以真情进入真情，于是美妙的事情发生了：所有人都被带入了小王子的空间，跟随他，在他的世界和他一起去"穿花"，去"点水"。

二、 辨别中识"蝴蝶""蜻蜓"

伽达默尔说：文本不会像一个"你"那样对我讲话，我们这些寻求理解的人必须通过我们自身使它讲话。王君老师在《小王子》的聊书会上，让学生自己去辨别"小王子""玫瑰""狐狸""五千朵玫瑰"他们各自的问题在哪里。这个辨别的过程就是跟文本对话、跟"小王子"们对话共鸣的过程。最后，"爱情"的三种面貌清清晰晰地呈现在大家的面前，这也是我们爱情世界当中最为典型的状态：第一种因爱生怨，相爱相杀；第二种是单恋；第三种是无爱。如此，爱情中"蝴蝶"与"蜻蜓"都辨明了，存储在生命的仓库中备用。

三、 登阶中悟"深见""款飞"

荀子云：不积跬步，无以至千里。课堂教学也讲究一个循序渐进，一步一个台阶，最终登临高处。王君老师在此课中设置了"三级挑战"，即：一级挑战朗读在线，二级挑战文本共鸣，三级挑战联结思辨。因为有了前面的铺垫，所以才有了最后给"小王子"等人献计献策的精彩环节，王老师不失时机加入了"李咏谈与哈文的爱情""《大鱼海棠》中的爱情"以及"法国电影《小王子》的末尾片段"，如此再回到《小王子》名著中来，引领学生不仅看到了小王子在爱情中的成长还"深见"了好的爱情的模样：爱也需要智慧，需要责任和担当，更重要的是把自己先活成一个爱的模样。学会在爱情中"款飞"，必是对孩子未来成长的保驾护航，更是师者仁心深情的凝望。

何谓经典？卡尔维诺说，经典作品帮助你在与它的关系中甚至在反对它的过程中确立你自己。

王君老师的《小王子》聊书会目的已经很好地达成了这个目标，且让人深思回味：教师，大大方方去跟学生谈谈"爱情"，又有何妨？只要你方法得当！

·课堂实录·

《重读〈朝花夕拾〉》课堂教学实录

执教：徐　飞

师：同学们，徐老师今天是和同学们第一次相遇，也希望今天第一次相遇能给同学们留下一点美好的回忆。其实，我们生活中有很多场第一次相遇，你和一个人的相遇，你和一本书的相遇，你和一处风景的相遇。

《朝花夕拾》这本书你们读过了吗？

同学们大多是进入初中才遇见这本书的，我想知道，你和《朝花夕拾》第一次相遇对它是什么印象？如实说说，你当初读《朝花夕拾》的感受。

生：我当时觉得有很多地方读不懂。

师：是的，鲁迅的作品是有些阅读难度。

生：有些句子读起来非常生涩，还有很多没有翻译成白话文。

师：对了，鲁迅那个时候正处于文言与白话过渡的时期，所以他的作品中还夹杂着一些文言，让我们读起来有点生涩，是这样的一种感觉。还有没有其他的感觉？

生：我体会到了封建社会的迂腐可笑。

师：你读出了鲁迅大概是想抨击封建制度的腐朽性。还有没有其他的感受呢？你说。

生：读的时候，比较敬佩鲁迅。

师：敬佩他的什么呢？

生：他的爱国情怀和对现实中迂腐人事的谴责，让我比较感慨。

师：你跟其他同学不同，你更敬佩鲁迅的爱国。说实话，在我们这个时代，谈爱国的越来越少，你内心能被他的爱国所感动，我觉得相当了不起。

生：我觉得鲁迅在文章里指责一些人，感觉当时他好像非常斤斤计较。可是后来知道鲁迅指责这些人也是有原因的，觉得他很正义。

师：你读到了一个正义的鲁迅，正直的鲁迅。

好，刚才几位同学回想了当初读《朝花夕拾》的印象，有的读到了一个爱国的鲁迅，有的读到了一个批判封建礼教、封建制度的鲁迅，有的读到了一个正义的鲁迅。那么我们今天重读《朝花夕拾》，又会读出什么呢？

师：为什么要重读《朝花夕拾》？因为这本书是一本经典。什么是经典作品？用作家卡尔维诺的话来说："一部经典作品就是每次重读都像初读那样带来发现的书。"今天我们重读《朝花夕拾》，看看我们能从中读出哪些发现。

既然同学们都已读过《朝花夕拾》，那我就想考考大家，这本散文集除《小引》《后记》外，一共10篇散文，大家说一说，除《狗·猫·鼠》《〈二十四孝图〉》《无常》外的七篇散文，每篇散文主要写了谁？

师：《阿长与山海经》？

生：阿长。

师：《五猖会》？

生：父亲。

师：《从百草园到三味书屋》？

生：寿镜吾先生。

师：《父亲的病》？

生：鲁迅的父亲。

师：仅仅写了鲁迅的父亲吗？还有谁？

生：还有城里的医生。

师：是两位怎样的医生？

生：见钱眼开的医生。

师：是见钱眼开、欺诈成性的庸医。

师：我们再来看，《琐记》中写了谁？

生：衍太太。

师：《藤野先生》？

生：藤野先生。

师：《范爱农》主要写的是范爱农，我帮你回答。

我们来看这七篇散文，主要写了这七个人物。大家都知道鲁迅是一个爱憎分明的人，请你按照鲁迅对笔下人物的情感态度，将他们分成两类，说一说他爱的是哪些人，恨的又是哪些人。

（学生思考，归类）

生：我觉得鲁迅爱的人有长妈妈、父亲、寿镜吾、藤野先生和范爱农。

师：恨的呢？

生：恨的是衍太太和庸医。

师：大家对此有没有不同意见？

生：我觉得他也恨过长妈妈。

师：恨过长妈妈，因为什么事情啊？

生：因为她踩死了"我"的小小的隐鼠。

师：所以也恨过长妈妈。那你觉得他对长妈妈的态度主要是爱，还是恨呢？

生：主要是爱。

师：他对长妈妈有一个由恨到爱的过程，你读书很仔细，考虑也很全面。除了对长妈妈，鲁迅还对哪些人也有一个由恨到爱的过程。

生：范爱农。

师：两人第一次相遇就不愉快，是吧？但后来两人成了好朋友。还有谁？

生：寿镜吾。

师：寿镜吾刚开始其实不是恨，是有点畏惧，后来又产生了一种敬意。想一想，还有谁？

生：父亲。

师：能具体说说吗？

生：在《五猖会》里，父亲要求我背书，我有点恨父亲。

师：对，背完之后才能去看五猖会，在这篇文章里，对父亲的教育方式是有点不满，甚至憎恨。但是在哪篇文章中，他又是深爱的，表达了他对父亲的爱呢？

生：（齐）《父亲的病》。

师：在《父亲的病》中，鲁迅写道："我很爱我的父亲，便是现在，也还是这样想。"所以我们应该把这些文章联系在一起读，对于一个人的情感就把握得更加全面。

我要感谢刚才提出质疑的同学，她提示我们，鲁迅对于他爱的人也并不是全部都是爱，因为鲁迅的情感世界是丰富复杂的。

我想问大家，在鲁迅爱的这些人里面，写的文字最多、出现的篇幅也最多的是谁？

生：（齐）长妈妈。

师：他最爱长妈妈的是哪件事？

生：（齐）买《山海经》。

师：好，我们来把这个语段一起来读一读。

出示PPT：

过了十多天，或者一个月罢，我还记得，是她告假回家以后的四五天，她穿着新的蓝布衫回来了，一见面，就将一包书递给我，高兴地说道：

"哥儿，有画儿的'三哼经'，我给你买来了！"

我似乎遇着了一个霹雳，全体都震悚起来；赶紧去接过来，打开纸包，是四本小小的书，略略一翻，人面的兽，九头的蛇，……果然都在内。

这又使我发生新的敬意了，别人不肯做，或不能做的事，她却能够做成功。她确有伟大的神力。

师：同学们读得很整齐，鲁迅的文章是适合朗读的，尤其是他的散文。我们在读的时候能够更好地走近作者，理解作品。当然，在读的时候要读出感情。比如说，长妈妈高兴地说的那句话，你觉得应该用怎样的语气来读啊？

生：我觉得应该用兴奋的语气来读，长妈妈好不容易给鲁迅买到的。

师：兴奋的，好像完成了一件伟大的任务一样。来，你试试看，应该怎么读？

生：（声情并茂）"哥儿，有画儿的'三哼经'，我给你买来了！"（会场掌声）

师：非常好，你读得非常自然，完全是长妈妈的口吻。你看，我们通过读，就走进人物的内心世界。大家不要小看长妈妈给鲁迅买回了《山海经》，鲁迅后来对版画的喜欢和艺术修养的唤醒，都跟长妈妈这件小事有关。所以三十多年过去了，鲁迅还一直惦记着、感激着他的长妈妈。

这是鲁迅深爱的长妈妈，我们再来看鲁迅恨的人，其中有一个是衍太太。回想一下，鲁迅最恨衍太太的是哪一点？

生：我认为他最恨衍太太的是，衍太太让他在父亲临终前大声喊父亲。

师：以致让父亲不安地离开了。是这件事吗？

生：我觉得还有，衍太太怂恿他去偷母亲的首饰。

师：衍太太心眼很坏，唆使鲁迅偷家里的首饰去卖，的确让人憎恨，但这是鲁迅最恨的吗？

生：在《琐记》的开头，衍太太看见我们在吃冰的时候，她告诉我们说可以多吃点。

师：怂恿孩子吃冰，然后假装好人，也是让人痛恨的。但这还不是最让鲁迅痛恨的。我们翻到这一篇文章，快速浏览，找到鲁迅最恨衍太太的那件事。注意，快速浏览，不是一句一句地读，是一目十行地找。

生：我觉得应该是衍太太跟他说偷母亲的东西后流出来的谣言。

师：不错，是散布流言。来，我们把这段文字一起来读一下。

出示PPT：

大约此后不到一月，就听到一种流言，说我已经偷了家里的东西变卖了，这实在使我有如掉在冷水里。流言的来源，我是明白的，倘是现在，只要有地方发表，我总要骂出流言家的狐狸尾巴来，但那时太年青，一遇流言，便连自己也仿佛觉得真是犯了罪，怕遇见人们的眼睛，怕受到母亲的爱抚。

好。那么，走罢！

——《琐记》

师："好。那么，走罢！"（声调高扬）难道是去玩游戏？你觉得这句话应该怎么读？

生：我觉得有一种对这里的失望，想到别的地方去生活。

师：对这个地方失望，你来试试。

生：（有力量）好。那么，走罢！

师：你对谁有气啊？（众笑）你不是说失望吗？（众笑）

生：（略带失望）好。那么，走罢！（众掌声）

师：孺子可教，请坐。我们同学多聪明啊，读出了一种无奈，一种心灵受到伤害之后的纠结，一种痛。你还能从哪些字词里读出心灵受到伤害？

生：怕遇见人们的眼睛，怕受到母亲的爱抚。

师：哪个字出现了两次？

生：怕。

师：一种惭愧，一种畏惧，看到别人的眼睛他都要赶紧躲闪，他的不自在，如芒在背。是吧？

如果细细品读这段文字，你能够感受到少年鲁迅受到严重的心灵创伤。所以，鲁迅成年之后对于流言特别反感，特别的厌恶。

我们刚才重点分析了他深爱的长妈妈和他痛恨的衍太太，其实，鲁迅不仅对人爱恨分明，他对动物也是如此。大家回想一下，他对哪些动物充满爱，对哪些动物怀着恨呢？

生：他恨猫。

师：对，还有吗？你来补充。

生：他爱他的小隐鼠。

师：还有吗？在《狗·猫·鼠》里，还写到一种动物也是吃隐鼠的。

生：蛇。

师：对于动物，鲁迅爱的是小小的隐鼠，恨的是伤害隐鼠的猫、蛇。鲁迅就是这样一个爱憎分明的人。鲁迅的爱与恨有的文字从表面就能读出来，有的是藏在字里行间。我们来看两段文字。齐读。

出示PPT：

在中国的天地间，不但做人，便是做鬼，也艰难极了。然而究竟能有比阳间更好的处所：没有"绅士"，也没有流言。

——《〈二十四孝图〉》

和无常开玩笑，是大家都有此意的，他爽直，爱发议论，有人情，——要寻真实的朋友，倒还是他妥当。

——《无常》

师：从这两段文字中，你能读出鲁迅爱的是什么、恨的是什么？

生：他爱的是像无常一样爽直、爱发议论、有人情味的人。

师：无常明明是阴间的鬼，鲁迅却爱着它，因为它有着人的特征，爽直、有人情味。那么，从这两段文字里，能读出鲁迅恨的是什么？

生：像中国这样的社会。

师："像中国这样的社会"，是怎样的社会？

生：有流言、有绅士、不公平的社会。

师：是的，鲁迅恨这个无情的、不公正的阳间。

师：我们来小结一下，在鲁迅爱的世界里，他爱无知愚昧却淳朴善良的长妈妈。大家能不能用老师的句式，在这些对象前加一个修饰语来概括特征。

生：鲁迅爱的是表面对他严厉但实际爱他的父亲。

生：他爱的是对他要求严格、影响很大的寿镜吾先生。

师：知识渊博而又方正的寿镜吾先生。

生：他爱的是没有民族歧视、对他关心的藤野先生。

生：他爱的是爱国的范爱农。

师：爱国的、正直的、倔强的甚至生活有点潦倒的范爱农。

生：他爱的是可怜的弱者。

生：他爱的是公平的、公正、有人情味的阴间。

师：如果我们总结一下，原来他爱的是这样一个温暖的、有人情味的世界，爱的是一个正直、公正的世界，爱的是一个需要帮助的弱者世界。我们再来看他恨的是什么。

生：他恨的是传递邪恶的衍太太。

师：是散布流言、造谣、搬弄是非的衍太太。

生：他恨的是见钱眼开的庸医。

师：见钱眼开、没有职业道德底线的庸医。

生：他恨的是吃弱小隐鼠的猫和蛇。

师：恨的是那些欺负弱者的施暴者。

生：他恨的是没有爱的人间。

师：是的，鲁迅恨的原来是虚伪的、狡诈的世界，他恨的是那个欺负弱者的暴虐者的世界，原来，在鲁迅的笔下有着爱与恨这两个世界。

师：要读懂鲁迅笔下的爱与恨，我们不能放过这本书前面的《小引》。我们一起来读读《小引》第一段中的这句话。齐读。

出示PPT：

我常想在纷扰中寻出一点闲静来，然而委实不容易。

师：你从这句话读出了哪两个世界？我们要会读书，哪两个对立的世界？

生：一个是纷扰的世界，一个是闲静的世界。

师：纷扰的世界可能就是鲁迅当时写作时的世界，能不能从《小引》部分中找一找，鲁迅写作《朝花夕拾》时所处境遇是怎样的？这十篇散文是在怎样纷扰的情况下写出来的？

生：前两篇是在北京寓所的东壁下写的，中间的三篇是他在流离中写的，地方是医院和木匠房，最后五篇是在厦门大学的图书馆的楼上。

师：这十篇就是他在辗转流离的过程中写下的。大家知道具体的背景吗？当时发生了哪些事？我给大家介绍一下。

出示PPT：

女师大风潮

1924年秋至1925年8月，北京女子师范大学学生因校长蒋荫榆开除进步学生等事件爆发"驱杨运动"。教育部以学生闹学潮为借口，将该校解散，并认为学潮是鲁迅鼓动的，下令免去鲁迅在教育部的相关职务。在女师大风潮中，以陈西滢为代表的现代评论派不赞同学生行为，并写文章诬蔑学生，由此引发鲁迅与现代评论派的论战。

三·一八惨案

1926年3月18日，北洋临时政府卫队开枪射击包括刘和珍在内的47名游行学生和群众。鲁迅得知后极为震怒，写下《无花的蔷薇》《记念刘和珍君》等战斗檄文。四月初，鲁迅被通缉。

师：鲁迅不得不离开北京，先到了厦门大学，到了厦门大学，他又遇到了胡适的弟子顾颉刚等，因为鲁迅和胡适有过节，所以他在厦门大学待了几个月又被迫离开，搬到了广州。鲁迅的十篇散文就是在这样一个动乱纷扰的背景下写下的。鲁迅当时不仅面临着来自当时政府的通缉，还有来自于文人学者对于他的污蔑攻击，所以鲁迅当时可以说身心俱疲。

我们回头想，在这样一个动乱的背景下，鲁迅内心饱受创伤，却依然要回忆童年往事，鲁迅写《朝花夕拾》其实是为了什么？

生：其实是为了影射讽刺当时社会的状况。

师：儿时美好的人事反衬了现实生活中的丑恶。

生：回忆他爱的人和恨的人，揭示社会的黑暗，讽刺那些学者。

师：顺手一枪，讽刺他所憎恨的文人学者。

生：他写这些文章是给他最落魄时的一个安慰。

师：给自己一个精神的安慰，他是为了寻找精神的避风港。童年世界，仿佛他的精神家园，他在回顾往事又获得了战斗力。

师：正因为爱与恨这两种情感，鲁迅在这部散文集里运用了两种笔调，一种是温暖的笔调。女生齐读。

出示PPT：

那是一个我幼时的夏夜，我躺在一株大桂树下的小板桌上乘凉，祖母摇着芭蕉扇坐在桌旁，给我猜谜，讲故事。

师：从哪些字词能读出他的温情、温暖？

生："躺"可以体现当时的一种惬意悠闲，儿时没有任何烦恼。

师：一种自在，四仰八叉躺着，自由自在，非常惬意。还有哪些词？

生："猜谜""讲故事"。

师：祖母是摇着芭蕉扇给他猜谜，讲故事。简短的句子描述一种场景，温馨和谐的场景。同样，我们关注"我躺在一株大桂树下的小板桌上"，有没有读出一组对比的词？

生："大"和"小"。

师：大桂树像谁？

生：祖母。

师：写出幼年儿时的鲁迅一种自在快乐的场景。我们读书不仅要从大处着眼，把握这本散文集的整体情感基调，还要关注细部，读出一个词语、一个标点背后的丰富内涵。鲁迅回忆这段往事的时候，充满一种温暖的情愫，而当他回忆现实的时候，又换了一副面孔。男生齐读。

出示PPT：

我是常不免于弄弄笔墨的，写了下来，印了出去，对于有些人似乎总是搔着痒处的时候少，碰到痛处的时候多。万一不慎，甚而至于得罪了名人或名教授，或者更而甚至于得罪了"负有指导青年的前辈"之流，可就危险已极。

师：从这里我们是不是读出了一个爱讽刺的鲁迅、爱批判的鲁迅？

师：我们在《朝花夕拾》中分明读出两个鲁迅，一个是金刚怒目、横眉冷对的鲁迅，一个是面带微笑、含着温情的鲁迅。我看了很多版本的《朝花夕拾》，它们的封面上大多选了鲁迅的照片，有选的是冷峻的，有选的是温暖的鲁迅。你们觉得哪一个鲁迅更适合做《朝花夕拾》这本书的封面呢？（出示PPT：两张照片）

生：第二幅，因为第二幅鲁迅手中拿着烟斗，他此刻很悠闲，头微微抬起，很悠闲地笑。

师：他认为是第二幅，读出了美好的笑，一种回忆时的陶醉。

生：我也认为是第二幅，他爱的东西更多一些。

师：你从所写的篇幅比例来分析，很好。

生：我认为是第一幅。鲁迅在《朝花夕拾》里讽刺了当时社会的黑暗。

生：我不同意。《朝花夕拾》中回忆的部分大于讽刺社会的。

师：是的，《朝花夕拾》中温情的文字更多一些。《朝花夕拾》是鲁迅所有作品中最温暖的一部分、最温暖的文字。当然，爱中也有恨，恨中也有爱，这爱和恨之间究竟是什么关系？

生：我认为爱和恨是共存的。

师：共存，并列关系。是这样吗？我们以《狗·猫·鼠》为例，说说童年鲁迅恨猫的原因是什么。

生：因为猫吃了他的隐鼠。

师：对，我们来一起把这段文字齐读一下。

出示PPT：

再一回忆，我的仇猫却远在能够说出这些理由之前，也许是还在十岁上下的时候了。至今还分明记得，那原因是极其简单的：只因为他吃老鼠——吃了我饲养着的可爱的小小的隐鼠。

——《狗·猫·鼠》

师：他如此仇猫，原来是因为他爱着小小隐鼠。所以，你觉得爱和恨之间是什么关系。

生：是因果关系。

师：是的，因为爱，所以恨。因为他心中藏着深深的爱意，对这个世界的深深爱意，所以他才对另外一个世界充满着浓浓的恨。所以，不要只看到鲁迅冷冷的外表，他更有着一颗温热的、柔情的、温暖的心，所以我更加赞同选择第二幅照片作为封面。

下面我们完成最后一个活动，如果选择这幅照片作为封面，请你在照片的边上写上简短的一句话或一个短语，要既能符合鲁迅的特点，又能契合《朝花夕拾》的主题。

（学生思考，书写）

生：横眉冷对而又不失温情。

师："不失温情"，对鲁迅温暖的一面强调似乎还不够，可不可以改为"一位斗士的脉脉柔情"？

生：带露折花，香色自然要好得多。

师：这句体现出回忆性散文的特点。

师：我想起《〈二十四孝图〉》中的一句话："给我们的永逝的韶光一个悲哀的吊唁"。老师也写了一句话（出示PPT：以温暖反抗绝望）。大家不一定读懂绝望，因为你可能还没有体验过绝望，所以我们离真正读懂鲁迅还有很远。

出示PPT：

人在春风得意、自我感觉良好的时候，大概是很难接近鲁迅的，人倒霉了，陷入了生命的困境，充满了困惑，甚至感到绝望，这时就接近鲁迅了。

——钱理群

师：接近鲁迅，是需要时间和阅历的。阅读鲁迅，需要我们一生的光阴。我们这节课只是向鲁迅稍稍接近了一点。经典不厌百回读，希望鲁迅能一直陪在你的身边。今天的课，就上到这里。下课！

《名著重读的基本策略》讲座实录

徐 飞

下面我用35分钟的时间，简短地跟大家汇报一下，做一个微讲座：《名著重读的基本策略》。我现在在一所新学校，这所学校今年刚刚成立，是苏州中学的一所附属学校。

因为特殊原因，我现在既做初中部的校长，同时还教初一两个班的语文。当然我这个学校目前就两个班，所以我现在是一个人的教研组长，一个人的备课组长，一个人的学校。不过，我觉得特别开心，因为我们学校的学生都是300个人中挑一个人，学生特别好。我在这所学校的做法是：推进全科阅读。大家可以看，这是初一上学期就是这个学期，我们学生的读书书目。这些书既有以语文学科为主的，还有其他学科的，包括自然科学、美学艺术。在语文里面，我兼顾了诗词、散文、小说、中外传记等，各种类型都有。这些书，我们老师平时是带着学生一起读的，一个月三本左右。另外，我们的阅读成果要在平时的一些练习中有所体现。所以，我觉得现在自己做的一件比较有意义的事就是，真正地带学生在进行整本书的阅读。但是我今天的主要目的不是跟大家谈这个。我今天主要是谈整本书重读的问题。朱光潜先生讲，与其范读十本，不如精读一本。

黑塞也曾经说过类似的话，就是有一些经典过一段时间再读，印象可能就不一样。所以在今天越来越重视"整本书阅读"的背景之下，我认为这本书的重读显得更为重要。在这里，我讲三个基本策略。第一个：勾联整合。名著重读，就是连点成线、连线成面、连面成体的一个认知的重构。学生在初读的时候，他可能对于名著的一些体验和认识是零散的、琐碎的。今天这节课，其实刚开始交流的时候，学生最初读完这本书的感受，可能有鲁迅对老师的赞美，对旧式教育的批判，有对当时社会的一种抨击。这些都是零散的一种体验，名著重读应该是把这些体验整合起来，形成一个认识的系统。所以读书应该掌握一个出入之法。既要能进去，更要能出来。有四个字：执大御小。今天这节课就是想让学生整体把握《朝花夕拾》的感情基调，在此基础上，你再去重读其中的某一篇。这样，你才会有更深的把握。名著重读，我们要做到宏观与微观的结合。既要有宏观的一个把握，同时也有微观的字、词、句的咀嚼。

以《水浒传》为例。我们老师让学生阅读第23回到32回、第50回、写武松的十回，让学生梳理主要事件，概括人物特点。学生往往会总结出武松的二十多个特点。但是如果注意前后勾联着读，就会对作品有一个完整的把握。"两过十字坡"可见落草并非武松的主动选择，"无意喝醉打虎"与"有意喝醉打蒋门神"，更能彰显英雄本色，"两次报仇"更见武松的一种嫉恶如仇。要注意前后勾联着来读。我曾经上过一节课，就是重读余华的《活着》。我这节课是这样来读的：首先是交流阅读的初感。其次，从"死亡"切进去。在小说里，最后只剩下了福贵和一头老牛相依为命。福贵的亲人一一先后离他而去。按照死去的时间的先后顺序排一排。第二个问题是亲人的死因都不相同。回想一下，每个人是因为什么而死？最后这些死亡都是非正常死亡，作者究竟想表达什么？我是先从"死"切进去，然后再思考"活着"，既然小说写了这么多人死亡，为什么要以"活着"为题？这时候引导学生读四种版本的序言，人只是为活着本身而活着，而不是为了活着之外的任何所活着。然后读小说的结尾，感受丰富的意蕴，把握这篇小说的主旨。那么进而探究思考，这部小说悲剧的艺术。引用鲁迅说的一句话，鲁迅说："悲剧就是把人生美好的东西毁灭给人看。"那么，我们为什么在读这部小说的时候，常常感到忧伤，有一种想流泪的冲动？这与作家塑造的那些美好温暖的人性是有关系的。能不能从文章中找到一些温暖的、美好的、关于人性的细节描写？然后再来思考这部小说，为什么要以第一人称来写？从探究悲剧意识，进而进入对小说语言的欣赏。读小说，就是贵在读书，言下之意，读出语言深处作者想说而未说的东西。我做了一个示范，然后让学生从小说中去找一找相关的耐人寻味的语言，最后提供了一篇读书笔记的范本，指导学生进行读书笔记的写作，重点是选择一个角度切入。所以我这节课就是这样来读。一部作品的重读，肯定是要打碎了原有的框架，把这本书的内容进行重新整合，这是内部的一种勾联。

还有一种就是外部的勾联。王开岭说："我有一个自己的说法，什么叫思想，就是把一个点与另一个点联系起来，我的阅读习惯正是这样，由一篇文章引申出另一篇文章，由一本书召唤来另一本书，它们合起来才构成我的一次完整的阅读。不拥有这种整体感，你就会怅然若失，一片凌乱。我对素材的占有从来都是一串一串，它们要么是精神同类项，要么是精神的对立面。"我们要找到作品与作品之间的关联。有位老师在指导学生进行《昆虫记》的重读时，设计了这样一个问题：请你浏览《寂静的春天》，作者认为有效解决昆虫问题的主要方法是什么？请用法布尔的观点来解释这种做法的依据。学生为了解决这个问题，解释《寂静的春天》中解决昆虫问题的方法，他就必须把法布尔《昆虫记》的那个解决方法提炼出来，然后进行两者的联系。所以我们在进行名著重读的时候，也可以借鉴这本书之外的其他的资源。

有一本书，书名叫《个人知识》，支持它的核心观点是：所有知识都是个人知识。所以我这里要讲的是，有一种勾联是要将作品与自己的生命产生一种勾联。这是我说的第三重勾联的意思。朱熹的弟子将朱熹的读书方法分类梳理成六类，然后出了一本书，叫《朱子读书法》。其中第四种：切己体察。就是强调了跟自身的生命联系起来读书。正如王阳明所说，"你未看此花时，此花与汝心同归于寂，你来看此花时，则此花颜色一时明白起来。"有些书它放在那里，你没有走进去，那么它跟你的生命永远没有发生一种勾联和沟通交融。只有你真正读进去，读到多少不管，这本书才能跟你建立起一种有效的生命的连接。所以我们重读经典，其实更多是为了思考当下。当然，我今天的课，在这一点上，最后部分做得有点草率，因为我看时间已经差不多了。前面的部分推进得有点慢，所以这部分在今天的课上没有体现。我一直有一个主张：读书如蚕，贵在转化。读书一定要参与自己的生命的构造中。比如说我曾经在班级上组织《论语》的演讲活动。每天课上请一位同学进行《论语》的演讲，要求他们课前将《论语》的这句话先写在黑板上，然后我要求他们的演讲稿必须从这句话出发，勾联起自己的生命生活的体验。就在这一句话中，你读到了当下生活的何种体验。学生为了写这样的文章，他就不得不去读这些书，看一看李泽厚是怎样说的，傅佩荣是怎样说的，李零是怎样说的，钱穆是怎样说的。然后，再来寻找这句话与当下我们的一种关联。所以我刚才讲的第一个，就是勾联整合。讲了三个小点：一是一本书内部的勾联，前与后的勾联；二是这本书与另一本书之间的勾联；三是书与我，书与读书人之间产生的一种勾联。

我下面讲第二个基本策略：问题驱动。"提问比回答更能凸显人的智慧。没有问题就没有答案，虽然有些问题是没有答案的。"我们引导学生读书，其实有一个重要的方法，就是你迫使学生去提问。比如说我教《朝花夕拾》中《狗·猫·鼠》这篇文章，你要知道教这类文章，其实不需要我们像教精读课文一样去教。我就让学生在课前就这篇文章提一些问题。学生有的时候提的问题还挺好的，比如说有同学提的问题是：这篇文章主体部分写的是猫和鼠，为什么名字文章题目要叫《狗·猫·鼠》？狗、猫、鼠，它们三个的顺序可不可以颠倒？你看，学生提的问题多好。而且有同学提出问题说，这篇文章中鲁迅为何时常发一点议论，发一点牢骚？学生能够提出这样的问题，表明他对这篇文章已经开始深入思考。把学生提出的问题在黑板上罗列出来，课堂上就把学生提出的问题全部解决，然后我再补充一个问题，就这样结束一堂课。所以我们名著重读有时候可以通过问题进行驱动。再比如我教毛姆的《月亮与六便士》。我让学生课前每人至少提出一个问题。然后我将学生提出的这几十个问题进行归类，第一类，关于人物形象；第二类，关于语句理解；第三类，关于主题思想；第四类，关于艺术手法。那么我就将学生提的这些问题进行归类，在课堂上分组让学生讨论，进而解决这些问题，然后小组汇报。所以，整本书阅读，有的时候老师也是可以教得轻松一点。这里的问题来自学生,问题的解决也来自学生。当然,老师对这些问题自己首先要有初步的思考,在课堂上要做好一种引导。让学生提问,还有一个好处,就是我们可以根据学生提出的问题进行一种预判。学生提的问题的价值是有高下之分的。我们南京的杨赢老师教《格列佛游记》,让学生课前提问题,他搜罗了这样一些问题,这些问题之间是有价值的高下之分的。比如说有个学生问的:"国王封我为那达克,为什么后来又不信任我?"其实这个问题的答案就在所问句子的下面两段。那么这个问题只要学生真正读一下,问题自然而然地就解决了,所以这个问题是没有什么价值的。还有一个学生问的:"为什么我在打败不来夫斯后,国王还是要听信谗言处死我?"那么这个小说情节他显然没有仔细看,对于这些情节的理解,更多是一种自身的印象。因为文章中间并不是这样说的,所以说这个问题暴露出学生没有细读小说。你看,下面这个问题就比较好,"为什么格列佛学小人国语那么快?"他自己给的答案是:"1. 国王派了六个御用学者来教他。2. 皇帝也常常来拜访他并教他。3. 第一章,在出游之前,他观察和学习各地风俗人情,仗着自己记性好,所以学得快。4. 他爱观察和读书。"这个答案就注意到了前后情节的相互印证。再比如这个学生问:"为什么作者顺从于小人国的囚禁?1. 生命威胁。2. 不顺从,后面的情节就无法展开了。3. 格列佛是个温和的人。"这里分别从情节内容、情节设置、人物性格等多个维度进行解答。那么这个就属于价值比较高一些的问题。

所以我觉得我们能引导学生来重读名著,可以引导他们自我提问。大家知道我们现在的改革方向从"以教育为中心"变成"以学习者为中心"。我们更多会考虑学生提出的问题。无疑重生疑,这才是我们读书要做到的。其实,读写共生既是一种基本策略,也是我一贯的教学主张和理念。要想真正完全拥有一本书,就是要用自己的语言复述一遍。

最后是要指向于学生最好用文字将他的阅读的体验、阅读的心得记录下来。今天这节课,其实我最后一个环节是想让学生写,但是时间关系,没有能展现得很充分。包括今天上课的时候有一个环节,不知道大家有没有听出来,我其实次序颠倒了一下,否则可以上得更流畅一点,这和当时自己的状态是有关系的。进行"整本书阅读",在引导学生写读书笔记的时候,我特别强调的是"一意求之",就是苏东坡所说的"八面受敌读书法",就是选择一个角度。比如说我们有一个同学,他读毛姆的《月亮与六便士》,他这本书的读书笔记做了三十多页,每一页就是一个主题阅读,围绕这个主题从文章中寻找相关的情节,利用自己的语言进行一种语段的写作。每次就从一个角度、一个主题进入这部文本,这就是我所说的"一意求之",这也是主题阅读的一种。比如说,我们读法布尔的《昆虫记》,我们可以专门从虫之情、虫之智、虫之哲、虫之趣不同的角度做这部分专题的摘抄和写作。读写共生,对于我而言,也是比较重要的。因为了解我的老师应该知道我的强项其实是写作,阅读只是我的一个次要的项目。因为我在写作方面已经出了好多本书,我最近要出的一本书是《徐飞的情味作文课》,这本书的新书发布会在下个月。我之所以提出情味这个词,也是受几位作家的影响,一个是李泽厚,当然还有亚里士多德,他认为,人是理性的动物,理性是人与动物的区别。李泽厚的哲学理论认为人的本质属性是情感,李泽厚提出的是"情本体"。这是回归母语写作应该有的一种传统。当然,我说的情味,并不排斥抽象逻辑思维,相反,是以逻辑思维为基础,它只是更注重一种情感的参与。所以我从自身学习的经历来讲,在一门学科或一个方面要往前有所突破,你肯定要重读一些名著。"事实上,关于读书,一个人可以给另一个人的建议是不要接受任何建议。"我现在对于读书越来越没有自信了,因为感觉现在自己读书也不多,而且读得浅,但是我时常跟老师们讲,读了再说。就是很多东西呢,不要道听途说。对于我们,名著重读最大的敌人是什么?是教师自身。试问,有哪些老师认真把我们部编本推荐的那些名著都读过了呢?我们往往在教学过程中就把它偷工减料为讲义习题,那么这个时候,一个老师能读到什么,一个老师的阅读程度有多深,就能带领学生走多深。就比如毛宗岗在读《三国演义》的时候就读到这句话,读到"淡泊以明志,宁静以致远",一般读者可能会关注情节,读到此处很可能滑过去。而毛宗岗在此点评:"淡泊宁静之语,是孔明一生本领。淡泊则其人之冷可知,宁静则其人之闲可知。天下非极冷极闲之人,做不得极忙极热之事。后来自博望烧屯以至六出祁山,无数极忙极热文字,皆从极闲极冷中积蓄得来。"你看看这样一种阅读是什么?我认为阅读就是发现。经典重读就是不断地有发现。每次读都要带来一种发现,这才是经典重读所产生的意义和价值。而这需要老师一种阅读的至深。大家知道我有一本书叫《读书——教师的第一修炼》。这本书后面的三章其实都是我近几年读书的追评，近几年我发表过几十篇读书追评，我选了28篇收进我这本书。（出示PPT）这一张是我读过的哲学教育学书目，每篇文章大概四五千字。这一张是我读过的文学作品的追评，因为我觉得不管教哪一门学科，都要多读一些文学作品。我读的这些都是关于语文教学的一些书，读了这些以后，我觉得我更有底气去读一些名著。名著重读，最重要的是不断地有发现。怎样才会不断地有发现？我们老师要去读，而且要掌握一些阅读的方法。最后，关于阅读整本书，我推荐这样几本书，老师们可以挑着去阅读。鉴于时间关系，我讲得比较草率，多有不当之处，还请大家提出，谢谢各位。

· 听课回响 ·

教学思有路，遵路识斯真

广西柳州市教育科学研究所　杨丽娜

名著重读课是名著导读的一种课型，所谓"重读"，就是在原有粗略阅读的基础上，进行"精读"和"细读"。它以充分了解学生的原初阅读状态为前提，借助"赏读"的一些手法，给学生重读名著的方向和方法。徐飞老师这节《朝花夕拾》名著重读课，课型特征突出，目标指向明确，具有典型的教学示范作用。

上课伊始，通过学生谈阅读印象，我们可以了解学生对《朝花夕拾》的初读情况：个人体验不多，标准化的结论居多；对整本书的感知不多，对单篇或数篇的归纳概括居多。学生阅读初感比较零散，这为名著重读确立了教学前提，指引了教学方向——从整本书阅读出发，建构对作品集的整体认知，指导阅读散文集的方法。这也是徐飞老师教学设计的目标所在：指导学生以阅读方法——"前后文章勾联起来读"，引导学生把握《朝花夕拾》感情基调、加深对作品的理解——"因爱生恨，因为他敬爱父亲，所以痛恨庸医；因为爱他的隐鼠，所以痛恨那个把隐鼠害死的猫；因为喜欢直爽的无常，所以才痛恨虚伪的阳间"。由此观之，徐老师对学生学情有充分预判，对作品解读有独到的思考和见解，对学生注重引导，课堂生成效果好。

在教学程序的设计中，如何引导学生将散文集《朝花夕拾》作为阅读整体来赏读是难点。对此，徐飞老师从课堂整体出发，从文本整体出发做了精心的教学设计。《朝花夕拾》所收文章都是回忆性散文，写人记事、谈鬼说物莫不寓情。徐老师以鲁迅对笔下人物的"爱憎"之情为经线，以作品中出现的重点人物为纬线，串联起鲁迅温暖的回忆和理性的批判。通过"鲁迅爱（恨）的是_____"的主问题设计，由爱至恨，由人至物，由点及面，由表及里，不断追问，层层深入，将十篇散文勾联整合，相互参照，编织一体。这一架构让学生对作品集有了宏观整体的把握。

宏观架构的同时，徐老师"执大御小"，引导学生品微阐幽，咀嚼读赏，从《小引》中挖掘写作背景，从《狗·猫·鼠》祖母讲故事的片段细节中读出欢乐的世界、温情的笔调，从"怕"字中体味流言的伤害，从"好，那么，走罢"中品读作者的无奈，从"哥儿，有画儿的'三哼经'，我给你买来了"兴奋的语调中感受长妈妈的可敬可爱……徐老师以"选点突破"式的赏读活动作为名著重读的基础，关注学生体验，挖掘文本细节，加深了学生的理解，避免了讨论的空泛化。

核心素养时代，教学的终极目标是提升人的素养。以此观察，徐飞老师这节课集名著赏读、语言实践、思维提升、价值导向于一体，看似寻常无奇实则匠心独具。

他遵循"语文"之道，口头说的是"语"，笔下写的是"文"，对话式阅读，读写结合，为学生搭建语言实践的平台——仿句概括，为人物添加修饰语；短句拟写，为封面题字。他精于"阅读"之道，有梯度地设计阅读活动，对情节进行复述，对句段进行解释，对篇章进行重整，对画面进行伸展，对人物进行评鉴，对封面进行创意；分析与概括，想象与拓展，客观性理解与主观性理解，多层次多元素地培养学生阅读的关键能力。

他运用"美育"之道，以"哪一幅图更适合放在《朝花夕拾》的封面上"

开启和结束重读之旅，将鲁迅爱与憎两种感情基调依托于暖与冷两种封面色调，让学生形象感知作品集的主体笔调，把握鲁迅爱与恨的因果逻辑。这一设计首尾圆合，具有教学结构之美；留白激趣，兼有教学艺术之美；具象—抽象，又有思维螺旋成长之美。他施行"教化"之道，"以温暖反抗绝望"不仅是他拟写的封面题字，也是他意图为学生重构的阅读认知。"鲁迅爱的是一个温暖的善良的有人情味的正直的、同时是需要帮助的弱者的世界"，"恨的是那种不公平不正直的、以伪善的面目来欺凌弱者的世界"，徐老师以鲁迅的爱憎分明涵养学生的爱憎分明，当文学介入现实、介入生活时，学生的社会责任担当意识也逐渐形成。

如果时间如果能够再充裕些，让徐飞老师得以引导学生"切己体察"将阅读体验与自身的生命体验结合，形成文本与生活之间的勾联及生命价值的相融，在日读日新的阅读认知中收获名著重读的现世价值，这节课也就更为圆满了。

教学思有路，遵路识斯真。这路是课型之路，依循课型建构课堂；这路是学情之路，根据学情制定目标；这路是课标之路，依照课标实施教学；这路是教材编排之路，是阅读规律之路……沿路前行，我们方识教学真谛。

博观而约取　厚积而薄发

山东省东营市河口区实验学校　杨其凯　刘月农

语文课程标准强调重视课外阅读的过程，规定了"课外阅读总量不少于260万字，每学年阅读两三部名著"，名著阅读的重要性不断凸显。在课程理念的指导下，文学作品的阅读重视语文课程的文化熏陶感染作用，关注人文内涵对学生精神领域的深远影响，致力于隐性、长远的综合目标。部编教材在初中学段规定了童话、寓言、故事、诗歌散文作品、长篇文学名著等推荐篇目，但是由于很多内容与学生的生活时代相距太远，再加上学生阅历有限，对内容的理解和把握上有很大的困难。如何开展名著阅读，特别是整本书阅读，吸取经典文化的精华，是一直困扰我们的难题。在"第十一届名家高端论坛暨名师课堂研讨会"上，徐飞老师的《重读〈朝花夕拾〉》一课给我们带来了不少启发，他对鲁迅作品的研读达到了驾轻就熟、炉火纯青的地步，徐飞老师恰如那辛勤采集花粉的小蜜蜂，一下子飞进我的心田。

一、 简约与丰厚的辩证统一

徐飞老师的这节课是基于学生初读基础上的重读，既然是重读，就要引导学生有新的发现和深的发现。五四运动结束后，曾经摇旗呐喊冲锋陷阵的鲁迅陷入了苦闷绝望中，痛苦彷徨中他提笔梳理过去的生活，按照时间顺序，由记忆中的人、事构成了自己几十年思想的变化和情感的体验。怎样把握住整本书的感情基调，徐飞老师化繁为简、举重若轻，以极简的风格进入，不繁琐、不张扬。上课伊始，带领学生回忆初读经典的感受，学生畅所欲言，学生提到批判、赞美、怀念、压迫、耿直等等。带着这样的感受，徐老师说道：经典作品是每次阅读都能带给你新收获的书，《朝花夕拾》就是这样一部值得反复阅读的经典作品。徐老师先激发起学生阅读的渴求，接着出示两幅鲁迅先生不同时期的照片：一幅须发皆张，横眉冷对；一幅面带慈祥，温情脉脉。通过选用哪幅图片放在作品封面来指导学生去分析图片与作品风格之间的关系，从而引领学生梳理书中人物及作者对其倾注的情感，理解鲁迅先生笔下是爱与恨两个世界，再用小引中"我常想在纷扰中寻出一点闲静来，然而委实不容易"这句话引导学生明白：在当时被北洋政府通缉，被文人污蔑攻击的严酷现实世界中，他依然要回忆童年往事，这是给自己一个精神安慰，是给自己继续战斗的精神支持。徐老师顺势引导学生明白，正因如此，这部散文集中鲁迅运用了两种笔调：温馨与批判。

老舍先生说："看看鲁迅全集的目录，大概就没人敢说这不是个渊博的人。可是渊博二字还不是对鲁迅先生的恰好赞同。"徐老师的教学设计从初读感知到与人物深度对话再到作者情感世界的深入挖掘，整体材料简单，风格简约，却纵横比较，大开大阖，深度整合，意蕴丰厚，以点带面，串起了整本书阅读。

二、深入与浅出的完美存在

张志公先生说:"阅读教学无非就是领着学生从文章里走个来回。"以前读鲁迅的文章,心里总感觉先生的文字过于高深冷峻,难以读透。徐飞老师这节课既有略读能力的培养,比如让学生快速阅读、筛选相关信息;更有精读指导,引领学生品读关键语句,有意识地训练学生的语言运用、审美鉴赏的语文素养。在回顾了文章中的主要人物之后,再引导学生从"爱"与"恨"两个角度对人物进行分类,告诉同学们,要更全面地把握鲁迅先生的情感,应该把文章联系在一起读,因为鲁迅的情感世界是丰富而复杂的。接下来引导学生细读长妈妈买《山海经》的片段,指导学生读出人物的语气,走进人物的内心世界。接下来在品读最恨衍太太事件中,学生在文本中发现了很多和衍太太相关的事情,但是都不能体现"最恨"这个话题。徐老师让学生尽情发表自己的观点,通过交流和沟通,梳理与整合,最终聚焦"散布流言"事件;再到爱的隐鼠,恨的猫、蛇;爱的无常,恨的人间,这一环节中,徐老师带领学生在文本中来回穿行,对语言文字进行细致的揣摩、品味,既洞察了鲁迅先生爱恨的情感,也培养了学生鉴赏语言的能力。深深钻进去又轻松愉悦地钻出来,走了一遭地解读才是整本书阅读的有效策略。徐老师从整本书阅读的角度,掰开揉碎,重新整合。他要传递给学生的是,读书不仅要从大处着眼,把握这本散文集的整体情感基调;还要关注细节,有的能从文字表面读出来,有的则隐藏在文字中,要读出一个词语、一个标点背后的丰富内涵。这种对文本的深度研读可以说是阅读经典名著的不二法门。这种深入浅出式的教学,才真正能让学生乐学、思学。

三、理论与实践的和谐共生

叶圣陶先生说:"阅读是'吸收'的事情,从阅读,咱们可以领受人家的经验,接触人家的心情;写作是'发表'的事情,从写作,咱们可以显示自己的经验,吐露自己的心情。"徐飞老师在《名著重读的基本策略》中讲到整本书阅读要做到三点：勾联整合、问题驱动、读写共生。他提出未经表述的阅读是肤浅的。写作可以巩固阅读成果、激发阅读内驱、深化阅读认知、指引阅读路径；阅读可以创设写作情境、诱发写作灵感、提供写作支架，促进写作反思。而在《重读〈朝花夕拾〉》一课中，徐飞老师共设计了两次读写活动，第一次是总结爱恨两种情感时，让大家仿照"他爱无知愚昧却淳朴善良的长妈妈"这一句式，在他所爱的对象前加一个修饰语来概括特征。同学们纷纷发言：鲁迅爱的是表面对他严厉但实际爱他的父亲；爱的是知识渊博而又方正的寿镜吾先生；爱的是爱国的、正直的、倔强的范爱农；爱的是公平的、公正的、有人情味的阴间。从学生的语言表达看，他们对于鲁迅笔下人物形象是熟稔的，概括是精当而恰切的。在概括了爱和恨之后，徐老师逐渐将学生的思维引向更深处，追问"鲁迅先生回忆往事其实是为了什么""爱恨之间究竟是什么关系"。在问题的驱动下，学生深入思考，更多地看到了一个温情温暖的鲁迅。此时，徐老师再回归到关于两幅照片的选择问题上，选择好了照片之后让同学们在照片下面写一个短句，要既能符合鲁迅的特点，又能契合《朝花夕拾》的主题，学生写到"横眉冷对又不失温情"等，徐老师给予了肯定也指导了不足，同时也给出了自己的提示文字"以温暖反抗绝望"。这些读写活动，不仅勾联起人物形象和散文主题，也勾联起学生的生命体验。而名著重读正是帮助学生走近鲁迅的最好方式。

徐老师的课把理论和实践有机结合，让学生在学习的过程中既轻轻松松掌握了理论，又快快乐乐进行了实践，理论指导实践，实践反哺理论，让名著阅读的理论在阅读实践中得到了升华，二者达到了和谐共生。

一部《朝花夕拾》，薄薄的书，深深的情。正如徐飞老师在这节课的结束语中说的：接近鲁迅是需要时间和阅历的，阅读鲁迅更需要我们用尽一生的光阴。名著重读，徐飞老师给我做了很好的诠释：博观而约取，厚积而薄发。

·课堂实录·

《〈史记〉选读》课堂教学实录
执教：史建筑

师：同学们好。今天这堂课是一堂学习成果分享课。前两周，同学们根据《单元学习任务书》自主学习了《史记》单元。现在，我们再来回顾一下单元学习目标和学习任务。

出示PPT：

【学习目标】

1. 能够从每位史传人物的重要事件中提取关键信息并加以分析，概括出对人物性格特点的基本判断。

2. 能够通过置换、排除、重组等方式横向比较，进一步认识不同性格、不同时代人物的组合带来的可能性。

3. 能够分类梳理储备典型文言词法句法知识。

【核心问题】如何理解人的性格与命运的关系？

【核心任务】我来任命"史上最佳君臣组合"。

【资源篇目】《项羽本纪》《高祖本纪》《孔子世家》《陈涉世家》《越王勾践世家》《留侯世家》《管晏列传》《孙子吴起列传》《苏秦列传》《孟尝君列

传》《廉颇蔺相如列传》《淮阴侯列传》《李将军列传》。

师：同学们在自主学习过程中遇到过什么问题？

生：老师，我们的个人理解会影响对于历史人物的评价。比如说韩信，他在萧何的举荐下受到刘邦重用。一开始，项羽派人来劝降他的时候，他还是非常坚定地跟随刘邦的，但后来他萌生叛逆之心。那么韩信是否忠诚？因为一个人轨迹的变化，我们没办法给出一个准确评价。

师：我们对人物的认识理解会不断地发生变化，我们可以先有基本判断，再进行二次修正，甚至多次修正。比如，你刚开始认识这个人的时候，你觉得他有忠诚的一面，但是随着时间的发展，会发现他忠诚的对象不固定，那么这个忠诚怎么去判定呢？所以我给大家的这个工具是这样的。性格特点基本判定，初步印象，第二次修正。其中基本判断又分若干步骤。我们读一读《红与黑》，发现于连也在变；读《史记》，发现韩信也在变，这是人物的成长，正因如此，我们面对的才是丰富的人。

生：我们任命"君将相"组合，在他们的政治素养方面有不同要求，因为"君"和"相"在政治素养上的要求必须过硬，主要分歧在"将"上，"将"是主管军事的，他的政治素养是否要划入评定范围？

师：这个问题属"任命理由"范畴，被任命者的性格品质、精神风貌等适合某职位的职能。对"将"来说，军事才能肯定是最重要的，但他的政治素养，他对国对君的忠诚度，也是非常重要的，尽管"将在外，君命有所不受"，但君臣组合，要形成合力，共谋大业。

生：在"君臣组合"成员选择上，比如"相搭配将、君搭配将"上我们有一些分歧，比如一个君主可以搭配多个将相，同学们各有想法。

师："我来任命"的"我"是在座的每位同学，你认为他合适就合适，但是你认为合适的背后是要符合量规的。同学们，请看一下《组合量规》中"君臣组合的合理性"。

	高能配置级	标准配置级	尚需改进级
君臣组合合理性	①能够灵活运用优选劣汰、性格搭配、成员置换、优势促进、容错互补、合作协同、排除内耗、共同追求等方式，建立最佳组合，且能在放弃或重组组合的横向比较中作出合理性分析。 ②在配置组合的过程中，自觉回归原文及任务1的梳理文字，从中找依据或对任务1中作出的基本判断加以修正与完善。	①能够通过优选劣汰、性格搭配、成员置换、合作协同、排除内耗、共同追求等单一方式，建立组合，并能对"最佳"作出合理性分析。 ②在配置组合的过程中，有时会回原文找依据，到任务1的梳理文字中找依据；或在老师的提醒下进行。	①能够通过优选劣汰、成员置换等单一方式，建立起组合，但无法对是否"最佳"作出合理性分析，或考虑的因素不全面不平衡。 ②在配置组合的过程中，常常想当然，未把原文或任务1的梳理文字作为时常回扣的依据。

师：分析人物，得看人物做了什么事，你的依据是文本，只要有争论就要去书中找依据，然后再根据量规来做。

生：我代表我们组汇报一下，主要分析一下刘邦。刘邦年少时看到秦始皇的马车经过，他对其他人说，大丈夫就应该像这个样子，这说明他是有大志向的。又一次，路中央出现一条白蛇，当时其他人想绕路，喝醉的刘邦拿起剑把白蛇斩杀，这就是著名的腰斩白蛇的故事，虽然是酒后行为，我们仍可看到他的果敢。后来的刘邦知人善任，韩信、萧何、张良都在他麾下，他识人、用人、育人的技术非常高超，而且还懂得虚心纳谏。最后打败了项羽，获胜之后他收取了韩信的兵权，可见他心思缜密、老谋深算，因为他知道韩信这个人有勇有谋，可能会造反，所以要提前扼制。

师：同学汇报的这个过程叫分析，我们阅读每一个史传人物的过程，是陪伴他成长的过程，我们会不断刷新对他的重新认识。我们不要忙着给人物"贴标签"，不要忙着以正邪善恶来评价他，而是要关注人物的生长性。在时间上，你看人物的生长性；在空间上，你看人物的多面性。这样不断完善，最后形成自己的基本判断。

生：老师好，我们组选张良为相，主要有两个原因：第一，因为张良很帅，《史记》记载，说张良貌如妇人，这男人女相，肯定是帅了；其次，就是他的才能，"运筹帷幄之中，决胜千里之外"。还有，就是著名的"三敬履"的故事，张良因此习得兵法，可以看出他的执着与聪慧。再往后我们又读到了他的侠义之举。辅佐刘邦后，提醒刘邦对待秦须谨慎行事，我们看出张良的深谋远虑……总之，我们读出了张良的可爱与成熟。但是，通过我们深入……

师：稍微等一下，同学说到了对人物的认识和分析，大家注意我们的人物分析工具，可能要基于初步印象，不断地进行补充，修正，甚至颠覆。好，我们接着听转折之后的内容。

生：当再深入阅读的时候，我们发现张良并不这么简单，他外表上虽然很可爱，像个小男孩一样，但是他是一个很有城府的人。大业既定之后，一般会出现"鸟尽弓藏，兔死狗烹"的规律，但我们发现张良活了下来，他是怎么活下来的呢？在汉建立之后，刘邦让萧何当了宰相，张良意识到自己在刘邦眼里成了颗钉子。于是，他先跟刘邦说，陛下给了我这么多，我已经很满足了，我要抛弃这一切去修仙。由此我们看出，张良很懂刘邦，知道保全自己的方法，我们觉得他也是一条老狐狸。

师：前面是可爱"小男孩"，现在已经变成了狡猾的"老狐狸"，依照推荐给同学们的工具，大家想一想，同学第二次刷新自己的认识，透过表面看本质，透过一些细枝末节发现背后的规律。

生：张良的为人处世和他的城府，也为后来的帝王之师做了很好的示范。我们通过这次的阅读及研究，也学习了很多。

师：同学刚才的发言，充满了个人思考。其实那些历史事件就在那里，每一个读者都在读，但是同学读出了属于自己的理解，这就很棒。历史有一个特点，就是它的周期律，要想知道未来会怎样，你可以回顾历史，那样会得到诸多启示。反过来讲，如果我们不去研究历史，那么我们将来可能会生活在过去。接下来我们在单个人物分析的基础之上，来配置"君臣组合"，请同学们继续分享。

生：我们组所选择的"君相将"组合，君，选择了刘邦；相，选择了管仲；将，选择了韩信。先说刘邦，刘邦是古往今来历史开国皇帝当中起点比较低的一位，大家对他的印象不是很好，以为他是个无赖。但其实抛开这些后人为他贴上的标签，我们可以看出，刘邦的气质其实是来于他自身的率性，率性的外衣下，他有着非常强大的内心，他有强大的识人、用人的能力。我们纵观楚汉相争的历史，可以发现刘邦本人其实业务能力并不出众，战略眼光不足，个人的文化水平确实不高，但是，他真正做到了知人善任。对于汉军集团来说，后方一直很稳定，几乎没有犯过战略性的错误。他知人善任、心胸宽广、豁达大度，毫无疑问，刘邦是一个很有格局的人，让他周围的谋臣良将能在人心惶惶的时候有一个主心骨。第二个人物我们来说管仲，他家境也比较贫寒，大家都知道他曾经向他很好的朋友鲍叔牙借钱，我们先抛开这些不谈，谈他的个人能力，他38岁出任齐国宰相，不但创建了比较完整而成熟的思想体系，使本来微弱的齐国民富国强，而且他还成功安定了国家局面，阻止了外敌入侵，而相比较其他，像韩非子、墨翟、苏秦、张仪等人，他们基本都是那种游说列国，通过学术博取一定知名度的文化人，而只有管仲将学术思想付诸实践，且获得了善终。

师：你有一句话说得特别好，就是其他那些人啊，推销自己的政治主张，到处游说等等，可能，他们有时是停留在认识上，或者理论学说层面，而管仲呢，已经比较好地把他的一些想法付诸实践，用咱们现在的话说，这是理论与实践结合比较好的一个人。大家稍微留意一下，咱们这位同学在谈的过程中，一直在谈为君为将为相的理由是什么，表述非常准确。请继续。

生：最后再说我们选择韩信为将的理由，韩信可以说是中国历史上第一个短期攻破北方数个国家的元帅。韩信一登场，本来处于衰落期的刘邦集团就开始逆袭，韩信的军事才能是毋庸置疑的。刘邦能得天下，很大一部分功劳来自韩信。若没有韩信，没有他在军事上的贡献，我觉得楚汉还得打很多年，胜负在伯仲之间。而且韩信好用奇兵，无论是暗度陈仓还是背水一战，都可以看出他的军事才能，无怪乎后世称其为"兵仙"。最后再说关于韩信结局的问题。我个人认为，他最后应该没有想要谋反，他之前谋反的机会其实很多，他如果想要谋反的话，不会在他当楚王时不谋反。等到他被贬为淮阴侯，他肯定是有怨言的，我认为他之前有太多可以谋反的机会，但他却没有。

韩信对刘邦来说，没有负君臣之义，感其知遇之恩，助刘邦一统江山，所以我认为他对刘邦称得上是忠心耿耿，所以我不想换掉韩信这个历史上本来的搭配。

师：所以还是保留这个组合，对吧？同组同学有没有补充？

生：我们组同学说韩信并没有想谋反，我还想补充一点，就是陈平给刘邦出了一个计策，让刘邦假装云游去云梦泽这个地方，名义是游玩，实际上是要逮韩信回去。我觉得韩信应该是一个很聪明的人，他应该是可以料到这一点的，但他还是无条件选择了相信刘邦，他就义无反顾地去了，被刘邦给抓了，我觉得从这点可以看出，他对刘邦是很忠义的，没有想谋反。相较于《史记》中的其他将领，我觉得韩信的军事能力，是强于廉颇、李广的。廉颇他当时就是只可以守一守这个赵国，他不能再开疆拓土。而李广是史书上说他精于骑射，他只是单兵作战的能力非常强，像韩信那样统领几十万军队，独当一面的话，我觉得这些将领是不如韩信的。而项羽，他的军事才能可能和韩信相差不多，但项羽非常自负，连亚父范增对他说的话也不听，自己在那里蛮干，头脑远远没有韩信这么清楚。所以说最后这个"将"的角色，还是选择韩信。

师：同学的发言强调了一个问题，为什么在这个组合当中我们坚持选韩信，而没有选其他人。这个组的同学用了排除的方式，最后选出心仪的人选。很好。还有补充吗？

生：我再说一下刘邦与项羽。项羽在为人处事上，看起来比刘邦要大度一些，但刘邦在建功立业的过程中，毫不吝啬去封赏功臣，给他们财物。但是项羽很吝啬，不想给将领土地，将领就没有动力为他尽心尽力去做事。还有，项羽识用人、御下的能力是不如刘邦的，连亚父范增都被他误会了，他让75岁的范增在路上劳累致死。我觉得这是项羽不如刘邦最重要的一点。所以要选择刘邦作为君主。

师：两位同学都认同这个组合是最佳组合。很棒。思维本身是看不见的，但是我们开发出的好多工具，能让你的思维看得见，就是你排除了谁，选择了谁，这个过程是逐渐扩大、逐步分阶段进行的。我在想，同学们以后创办一个公司，组建一个团队，你那个时候有些想法，可能会自觉不自觉地借鉴这些组合。我们搞团队建设，其实好多的思路与这节课的内容大同小异，只不过你面对新的环境、新的目标而已。我们说，读书就是不断埋下种子，这种子形态各异，它发芽的时间也不太好预料，但只要在适宜的地方就会慢慢生长，所以埋下好的种子，不断地催生，这个过程特别重要。

师：那就请后面组同学读一下你们的《君臣组合任命状》。

生：《最佳君臣组合任命状》。经决议，决定对以下历史人物进行人事任命，现予以公布。

任命勾践为君，负责统领国家、安抚百姓工作。任命理由：勾践善于观察别人，善于了解别人的心理。在被吴国打败之后，能够做到能屈能伸，卧薪尝胆，能够在危险被迫害的情况下，依旧保持冷静镇静。

任命韩信为将，负责统兵带兵工作，韩信早年经胯下之辱能屈能伸，善于谋兵布阵，志向远大。

任命蔺相如为相，负责出谋划策，外交等工作。其机智勇敢，不畏强敌，不计个人恩怨，以国家利益为重，不以一己荣辱为念，善于雄辩，忠于职守。

该组合任命理由：从将的角度出发，韩信虽然有很高的军事才能，而为人以功卖功，而身为相的蔺相如可以有足够的包容心，用他的大度来包容韩信，因为韩信在后期的时候也是因为刘邦的猜忌，所以从楚王贬到了淮阴侯这个职位，所以两人可以互补。韩信虽然能够在谋兵布阵方面有非常高超的才能，但他有时犹豫，勾践做事比较果断冷静，所以二人也可以互补。在政治和用人方面，勾践具有独特的眼光，韩信拥有高超的军事才能，能够在战场上精细谋划完成布阵。在外交方面，蔺相如可以适当处理好与其他国家的关系，所以该组合能够实现最佳君臣组合。内政外交恰当配合，效益最大化，该组合实为"史上最佳君臣组合"。以上任命决定自发布之日起执行，特此通告。

生：我们组的相和将是比较确定的，但是君还有一点分歧，所以还有另外一种说法。

师：请说一下。

生：我觉得，这个组合或许刘邦为君更合适一些。因为刘邦有雄才大略，是天才政治家，而且还有就是他很会顺应民心，在当时他和项羽共争天下时就可以看出来，项羽是打下一个地方就会在那里屠城，但是刘邦会安抚民心，这也是他最后胜利的一个原因，而项羽却最终也是因这一层原因而失败。还有一个就是刘邦知人善任，驾驭有方，身边有很多名臣名将，比如张良，还有韩信，但是到后来张良也是把韩信推向深渊的一个因素。所以我们觉得，尽量不让韩信与张良出现在同一个组合之中。

生：刘邦和勾践相比，我觉得刘邦更为强势一些，能更好地控制像韩信这种强势的人，但是勾践就不一定了。所以我觉得刘邦更适合。

师：组合的时候，大家一定要先把不变的东西固定下来，才能把变的东西分析好。如果这几个因素都处在动态变化当中，是不利于作比较的，反之亦然。我提个小的建议，比如说第一个组合，你感觉刘邦不适合，我个人感觉还是把刘邦放到这个组合当中去讨论。刘邦为什么不符合，不是静态地去讨论他为什么不合适，他们之间有相克的地方也有相生的地方，你要从这个人物关系来看待，要回到这个思路。好的，有请下一组。

生：经决议，决定对以下历史人物进行人事任命，现予以公布。

兹任命刘邦为君，负责统帅工作。其仁而爱人，从谏如流，敢于担当，有容人之德，知人善任，御下能力极强，能驾驭团结整合各种势力，善于抓住人心特点，将不同想法之人为其所用，合成一股强大的政治力量。

兹任命韩信为将，负责军事工作，其能屈能伸，有大丈夫之风，好用奇兵，军事生涯未尝一败，国士无双，军事才能出神入化，后世称为"兵仙"。

兹任命管仲为相，负责治国工作，创办完整成熟思想体系，安定天下混乱局面。阻止外敌入侵，其人为王佐之才，是称霸天下所必需的人才，是百家争鸣之先驱，治国能力极强。

组合理由：刘邦能力突出，知人善任，而韩信、管仲的个人能力也极为突出，在刘邦手下也可以发挥才干。刘邦很有魄力，让谋臣良将拥有一个主心骨，千古名相管仲会对他死心塌地。韩信带兵能力卓越，但也需要粮草军饷的供给，管仲管理经济能力特别强，两者会产生很好的"化学反应"，刘邦虚心纳谏从善如流，管仲的治国理念能在刘邦这里得到很好的体现。韩信的野心与能力并存，管仲性格沉稳阴冷，刘邦可以很好地让他们坚守本分。刘邦具体领导能力虽然不是很强，但是韩信和管仲高超的才能可以与之互补。

所以该组合能实现文治武功最大化，效益最大化，该组合会是"史上最佳君臣组合"。以上任命自发布之日起开始执行，特此通告。

师：我发现只要把天下交给大家，你们会非常负责任的。

生：我们在组合过程中，对于韩信和刘邦的君将组合分歧很大。因为韩信他想自称为王，他觉得他帮刘邦开拓了很多土地，功劳特别大，他把齐国打败后想当齐王，但是刘邦要搞中央集权，他俩是有分歧的，定会加重矛盾。韩信的军事才能确实很厉害，是千古留名的大将军，但是把他和刘邦放到一起，并不能达到"1＋1＞2"的效果，甚至可能还是"1＋1＜1"，我认为韩信和刘邦他俩并不适合最佳的组合。由此可见，历史上既定事实的组合，不一定是最佳组合。

师：谢谢。我们这个单元的学习任务，是探寻超越时空的人物组合带来的可能性，虽然任务是虚拟的，但是情境是真实的。刚才同学谈到的历史上的既定组合，我就想到，一个团队的带头人，他不光要"知人"，他还有一项更重要的任务——就是要去塑造人，提升人，所以不要用静态的观点去看待人。你要有一种预判在里面，就是虽然他有某些方面的缺陷，但是在谁的领导之下会激发出他怎样的潜能，这就是用发展的观点来评判问题。当然，你所有的预判依据要回到文本，要有你的合理解读。

这个学习单元，我们并没有传统意义上的学习某一篇，分析某一个人物，而是我们在确定目标、明确了任务之后，大家自主展开学习。老师发现，在各个节点上，你们做出的方案都不一样，这个过程是寻找合理性的过程。其实，学习的过程就是依赖性降低的过程，而不是你越学习越离不开老师了，越离不开小组了。在这过程中，你慢慢养成的是自主学习的目标意识、规划能力、调控能力等等，到最后，你成为一个能够自主学习的人。

·听课回响·

汝果欲学诗，功夫在诗外

山东省郓城第一中学　王桂君

《〈史记〉选读》篇目众多，词语众多，人物各异，事件繁多，如果把《史记》阅读文言句式讲一遍，这一段当中有300个重点的文言字词讲一遍，把每个人物说清楚，要天天想着落下什么的话，那么《史记》高中三年也上不完。若什么都不想丢，最终其实是什么都没怎么干，少、慢、差、费。基于此，史建筑老师给我们展示了"基于标准的一次对学习的探索"。具体来说，主要有以下几个方面。

一、目标细化，调动学生的内驱力

史老师的这堂课其实是一堂展示分享课，"我来任命史上最佳君臣组合"是这一学习单元核心的内容。为了完成这一单元的展示课，需要提前做好各种整合工作。首先确定13个资源篇目和阅读目标，做到既符合传统文化经典任务群特质，又合乎具体文本的操作规律：①能够从每位史传人物的重要事件中提取关键信息并加以分析，概括出对人物性格特点的基本判断。②能够通过置换、排除、重组等方式进行横向比较，进一步认识不同性格、不同时代人物的组合带来的可能性。③能够分类梳理储备典型文言词法句法知识。设计了既能拉动单篇阅读又能带动整书阅读的高阶任务——"任命史上最佳君臣组合"，该任务又拆解为3个子任务：①撰写历史人物性格品质鉴定书，这是工具，对此设置两个量表。表一主要是篇目、人物、事件、关键信息、基本判断、角色可能性（适合君、将、相）；表二主要是"太史公曰"置换书。并且在表后附有诸多样例，供同学参考。②根据提供的阅读工具及量规，配置最佳君臣组合。③撰写《"史上最佳君臣组合"任命状》，并附有任命书参考格式。在阅读过程中，教师分发持续性知识梳理表格，以及适切的任务达成工具，这样，整个阅读过程扎实有效且富有创造力。

如此，学生根据量规来做，使得有章可循。并且"如何理解人的性格与命运的关系"核心问题的思考一直伴随着整个学习过程。这正符合现在语文教学强化的一个意识——目标有限化。目标定得越准确越有限，收获越无限。

二、用丰厚的素养与底蕴引领学生

一个优秀的老师一定会让学生在自己的课堂上学有所得。为了学生的收获，为了给大家呈现单元设计，史老师读了三本关于领导力方面的书，真是"台上十分钟，台下十年功"啊。史老师课堂的异彩纷呈离不开他背后"十年磨一剑"的付出和那股坚韧的"钻"劲。

史老师在朴实厚重中达成教书育人的目标。课堂上把更多时间留给学生，让学生分组汇报展示。在给予鼓励的同时，提出适当建议，引导学生用分析的思维判断人物，探索人物的生长性和多面性，提醒学生重点要用发展的观点评判问题，拓展学习的深度和广度。

未来的人才，须是具有综合阅读背景的复合型人才，史老师着眼未来人才的培养，让学生在清晰与简洁之中，感受到阅读的丰赡与厚重。史老师引导学生学会识人、用人，用"只要把天下交给大家，你们会非常负责任的"话语鼓励学生，引导学生思考，以后创建一个公司、组建一个创业团队时，有些想法可以从现在这些历史人物组合当中考虑。这个人适合做什么，我们在一起能做什么。史老师用他的人文气息、人文情怀，做有灵魂的教育，关注学生的生命发展，引领学生在课堂上成长。史老师不仅仅是在教语文，而是在教生活，教人如何活在更好的生活中，如何在更好的生活中发现自我、成长自我。他的阅读引领让学生持续受益，让学生以语文的方式不断反思与成长，把善良、优雅、智慧一直带在身边……

三、 文、言并重，任务有序进行

文言文教学常让很多语文老师困惑，譬如，"言"和"文"孰轻孰重？是依"言"带"文"，随"文"释"言"，还是设置其他任务方法？史老师的这堂课给了我们很好的回答。在群文阅读的过程中，进行持续性任务：文言知识梳理储备。包括文言重点实词、虚词、通假字、古今异义、词类活用、成语和特殊句式梳理。使得"文言""文章""文学""文化"一体四面，相辅相成。

史老师同时设计了单元学习日历，以便推动活动有序进行，学生在理解学习目标、明确核心任务后的学习节奏主要是：制订学习规划，先完成五篇阅读及相关任务，继续完成剩下的资源篇目阅读，配置最佳君臣组合、提交配置方案、任命书。

学习，是依赖性的降低。在工具和量规的指引下，学生慢慢养成的是自主学习的规划能力、调控能力、目标意识、工具意识，到最后成为一个独立自主、具有学习能力的人。

阅读如一道盛宴，只有亲自咀嚼，才能品出个中滋味。史老师的《史记》整本书阅读课例，让学生走进史记，走近人物，碰撞出思想的火花。

《在与众不同的教室里》前言说："或许可以说，一个民族的所有文明都集中体现在了教师身上，教室里有什么样的老师，就有什么样的教育，就有什么样的国民。"

与智者同行，你会不同凡响；

与高人为伍，你能登上巅峰。

以语文教人,为学生奠基

山东省济宁市第一中学　张　伟　文　田

雅斯贝尔斯在《什么是幸福》中这样阐释教师的意义:"教师,已不再仅仅是一种职业,应成为生命存在的一种形式。"这句话放在语文教师身上尤为恰切,甚至成为了一种必然的要求。语文教师应该是内心充盈、精神富足的,他应常葆神采奕奕、活力生发的生命气度,常具触物感心、包容寰宇的生命情怀。史建筑老师正是这样一位充满生命张力与感悟力的语文教师,并以其求新求真的教学实践将有温度、有力度、有深度的生命不断传承下去。

"一位优秀的教师具体执教哪门学科已不再重要,重要的是通过学科,温润生命,提升境界。"立足语文学科,史老师开疆拓土、翻山越岭,在超越与回归的反复探寻中,摸索出了以语文教人的独特路径。他认为语文教师不应仅仅是教语文的,而应以语文教人,用自身的生命成长唤醒学生的生命成长,"为学生的'进化'打好精神的底色"。史建筑老师作为高中语文教学改革的先锋,在多年的教学实践中不断探索,将当下先进的教学理念与自己鲜明的教学个性相得益彰地结合起来,形成了具有启发意义的语文阅读教学特色。而史老师执教的《〈史记〉选读》正是其教育教学特色的一次集中展现。

一、围绕核心素养,关注生命成长

《史记》这部司马迁用一生心血灌注而成的鸿篇巨制,凝聚了上溯两千年的深厚文化积淀,也为后世两千年的渊源文脉提供了筋骨与范式。选取《史记》这部书的若干篇章形成主题学习单元,体现了史老师紧扣学生语文核心素养培育集中发力的良苦用心与深入思索。任何学科都包含文化,尤其是历史和艺术。但是,要想让青少年理解自己民族的文化,建立自觉、自信的文化意识,语文课是最好的阵地。在关注学生文化传承与理解这一核心素养的同时，还不能误入歧途，将其改造成"历史课"，这就要求语文课堂要围绕"语言"二字展开进行，而语言是思维的外在表现形式和工具，"思维发展与提升"的培养要求也便纳入其中。

为了打破单篇文章彼此分离的散乱局面，实现学习效果的升级，构建起具有清晰任务线索的主题单元和语文学习任务群，史老师设计了"我来任命'史上最佳君臣组合'"这一核心任务。"君相将"的多元对立统一组合反映了中国古代王朝高层权力架构的本质，并且贴合了纪传体史书以人物为叙述核心的体例特点。这一核心任务带领学生走入历史丛林深处，发现历史、社会、人生的规律。

这一核心学习任务的确立既符合中国传统文化任务群学习的要求，又合乎《史记》文本的操作规律，极大地调动了学生的阅读内驱力，对于核心问题"人物性格和命运之间的关系"的思考也一直伴随着整个学习过程。史老师对于量规的科学描述是切实而具体的，含有路径和方法，同时具有选择性，关注了学生之间的差异和差距。上述方法无疑为我们将来开展群文阅读和单元学习指明了方向，提供了范式。

在与学生对话过程中，史老师多次点拨学生关注"人物的成长（中性词）"。学生在思考分析历史人物成长现象的过程中，也无形地促进了自身生命的生长。"最高的教育是融入了道德、担当、良心和责任的教育。通过学科知识的学习，感悟学习的无限乐趣，提升精神境界。关注自身生命的成长。"语文核心素养养成的过程本质上不正是学生生命的成长过程吗？

二、自主学习，科学引领

史建筑老师是自主学习的坚持者与推动者，他认为语文教学应该把学生的收获与发展放在首要位置，培养学生良好习惯，锻造学生独立人格，关注学生生命状态，引领学生精神成长，为学生一生的持续发展奠定基础。他以课堂教学为主渠道，以"自主阅读"为基本形式，用教师的有效引导最大程度地促进学生的自主学习。

为了真正将语文课堂还到学生手中，史老师设计了"人物生平事迹与性格关联分析工具"和"史上最佳君臣组合配置量规",帮助学生分析文本、剖解人物,这也使得一堂具有深厚人文历史气息的语文课闪耀着理性和科学的光辉。

每当台下的观课老师因台上学生的精彩发言而发出阵阵惊叹时,我就会思考,是怎样的力量激发出了孩子们的巨大潜能。我想,这正是厚积薄发的力量。我们所看到的精彩不仅仅属于台上的九十分钟,更属于连续两周的台下工夫。

"不管是着眼一个人的一生,还是立足人类的整体发展,教育都具有连续性和系统性。所以每一位教育工作者都不能违背规律。"尊重学生学习规律是常识,也是共识,却难以成为"现实"。"现实"中老师们的"滔滔不绝""诲人不倦"给不了学生自我思考与收获,"现实"中的三五分钟就告结束的突击式"合作探究"也实现不了火光四射的智慧碰撞。而史老师思考的是真实的学习节奏到底是怎样的,并由此引导学生进行长节奏、深呼吸学习。有了工具、目标、任务的助力,学生就能沉浸于自主学习之中,正如史老师所言"人是目的而非手段"。参与这次自主阅读的孩子们是幸运的,他们收获了语文学习的奥秘,收获了思考历史的方法,也潜移默化地摄入了未来人生的种种可能。

在课堂这一师生集中交往的有限时空内,史老师立足课堂,超越课堂,实现了智慧互生和自我发现。希望我们的语文教学都能像史老师一样,尊重教学规律,回归语文本真,帮助学生提升生命的高度,拓展生命的宽度,挖掘生命的深度,增加生命的密度。